絲路
一帶

ALONG THE SILK ROAD

U0085206

寫在旅途之前

吳昀 *Winny Wu*

「瘋了嗎？你們想在冬天從伊朗至西安，穿越中亞橫跨絲綢之路？」曾在九月去過帕米爾高原的友人，不可置信地看著我。

「我也覺得我們瘋了。」我笑著同意她的話。

千年以來絲綢之路一直是連結歐亞大陸的重要貿易橋樑。載滿奇珍異寶的商旅團從中國穿越巍峨的帕米爾山嶺，途經伊朗抵達歐洲。絲路不只是物品上的交流，也是宗教及知識的傳播之徑，拓展許多偉大的文化。

多數人對這一帶的理解，來自於歷史課本上的張騫出使西域、玄奘赴天竺取經的故事。然而成吉思汗蒙古大軍曾由此西征、探險家馬可波羅曾花費多年時間記錄此區豐富的面貌等，都是較無人問津的過去。尤其在被蘇聯隱藏在鐵幕下後，更讓這些國度增加了神祕色彩。

由於我們多年前已在土耳其見識過君士坦丁堡的繁華，這次決定從伊朗出發，目的地是昔日的長安，用緩慢的陸遊方式來探索這片孕育出人類文明的大地。雖然冬季絲路的資訊不多，一般旅者不會選擇最低氣溫可達 − 50℃的季節前來活受罪，但我相信不管任何時候去旅行，總會譜出不同的故事及樂趣。

無論是在伊朗親自走訪電影《亞果出任務》中被攻擊的美國大使館、意外在全世界最封閉國家之一的土庫曼與高官們一同跨年、在烏茲別克與當地人開懷暢飲、在吉爾吉斯差點不慎墜馬、因疫情而臨時改行程到高加索並被海關懷疑用假護照……這些都是無可取代的回憶。

希望各位讀者能夠透過這本書，跟著我們一起揭開絲路千年的奧祕！

〔伊朗｜設拉子〕

絲 路 計 畫
PROJECT SILK ROAD

從伊斯蘭教到東正教——穿越伊
朗、中亞五國、高加索三國冬季
之旅

Chapter Two 中亞 CENTRAL ASIA

絲路帶

ALONG THE SILK ROAD

〔烏茲別克 | 希瓦〕

獻給初生的孩子，希望未來也能陪著我們向前。

伊朗〔亞茲德〕

絲路一帶

ALONG THE SILK ROAD

玫瑰與夜鶯之城

設拉子 *Shiraz*—伊朗 *Iran*
2019.12.14—2019.12.18

┃ Winny 畫重點 ┃

—— 設拉子在中國明朝、清朝時被稱為失剌思、石羅子。上千年來一直是區域貿易中心，共有大約兩百多座清真寺與無數波斯花園。

—— 盛產葡萄、棉花與白米，被當地人稱為「玫瑰與夜鶯之城」。

—— 座落在札格羅斯山脈腳下，自舊石器時代以來就有人居住，是古波斯國最古老的城市之一。

才剛踏出機場大廳，兩位面生不熟的旅者朝這方向招手。「嗨！我們正在等你們！這位是來自澳洲的蘇。看來整架飛機只有我們四位觀光客呢！」戴著鴨舌帽的崔佛，熱情地自我介紹，沒有倫敦人的裝腔作勢。

稍早前，伊朗海關執意收每人一百歐元的簽證費外加官方未註明的手續費。爭執了許久，不想被坑。在旁的崔佛以為我們現金不夠，自掏腰包準備幫忙付款。「雖然最後不需要資助，但還是感激你願意對陌生人伸出援手。」「我只是把先前遇過的善意傳遞下去。」他微笑。

已年過六十的蘇，手拉著行李箱。原以為是希望四人一起分擔計程車錢，不料她卻提議大夥共同徒步至機場一公里外的地鐵站。「昆士蘭州的草莓季是每年的五月到十月，其餘的時間我都出門在外，農場就交給老公管。越接近當地生活的旅行方式，我越喜歡。」她說。

西方媒體的偏見

「你叫什麼名字？」「I love you ！」「他是指對朋友的喜歡，不是真的愛你！」捷運上七嘴八舌，穿著軍服的年輕人正忙著翻譯 York 與當地男子之間的對話。設拉子的地鐵幾年前才興建而成，坐在車廂內彷彿回到台北。四周的人投射出好奇的眼光。

「歡迎來到伊朗！」「謝謝來到我們的國家！」這兩句話是在伊朗最常聽到的句子，由衷對於我們的來訪而感到喜悅。也許新聞報導較少，台灣人對伊朗並無太大共鳴。但在西方社會不一樣，主流媒體把此伊斯蘭國度過度妖魔化。在美國總統川普的政權下，只要二〇一一年後造訪過伊朗的人，未來前往美國就需辦實體簽證。因此連平常對旅遊地點保持開放態度的 York，對於來這裡還是提心吊膽。

尤其出發前一個月，政府因調漲油價三倍而使全國發生暴動。為了防止國內消息走漏，政府把全國網路關閉了約兩星期，使伊朗與國際社會完全失聯！「至少那段時間我們都放下手機，出門與左鄰右舍打招呼，所以也不是那麼糟糕。」後來聽伊朗朋友說。

「人們都被媒體洗腦了，我女兒認為我瘋了才會來到如此危險的國家。這裡卻比我去過任何地方還要安全。」方才在對 York 示好的伊朗人湊巧在同站下車，他幫蘇把沉重的行李提上階梯，不求回報直接揮手道別，

在某些國家可能還會有人要小費呢！「這就是為什麼我們需要旅行，才能破除偏見。」蘇接著說。我點頭同意，慶幸在旅遊之初就碰到相同理念的摯友。

千年波斯遺址

隔天萬里無雲，蘇與崔佛跟著我們前往伊朗最著名的世界遺產。「我旅行從不做功課，因為我相信路上一定會碰到像你們這種有做充足準備的旅者！但我還是會帶本《孤獨星球》。」崔佛在車上笑著說。老套的他喜歡跟著書中的地址找當地旅館，這樣會比網路預定更有驚喜感。經過昨晚一夜暢談，我們得知他是位職業演員，很重視浪漫的感覺。

波斯波利斯（Persepolis）顧名思義是「波斯人的城市」，也是波斯帝國禮儀上的首都。整座兩千五百多年的古城，聳立在高十三米的半人工石平台上。所有建築均由灰色大理石建造。每踩一級石階，彷彿能夠想像當年的外國使臣是如何抱著敬畏的心，帶著貢奉前來朝拜偉大的波斯國。城後的山坡岩壁上鑿出了三座擁有浮雕裝飾的王族陵墓，去世後還是持續俯望著子民。

當時的波斯領土橫跨歐亞非三洲，征服了許多民族。來自東西方的工匠、黃金、象牙珍寶等都匯聚於此。雖然亞歷山大大帝在公元前三三〇年征服後下令焚城，但留下的殘垣斷壁卻隱藏不住當時全盛時期的榮光。

「你們有租這個嗎？沒有的話，戴上看看！」一位素不相識的觀光客突然把一台虛擬實境眼鏡塞到手中。「哇！」我驚呼一聲。無論是十八米高的萬國門或全被摧毀的百柱宮，都在考古學家與現代科技的結合下，把波斯波利斯完整地還原在世人眼前！幸被保存的精美雕刻，在電腦程式的恢復下，被賦予當年的色澤。眼前一片廢墟，卻在戴上虛擬實境眼鏡後看到昔日的繁榮，兩者對比令人驚訝不已。

「看來在不久的將來，人類不用離開家也能暢遊世界。」我拿下眼鏡說。「我覺得科技還是無法代替現實。」崔佛把手掌心貼在一旁的石壁上。「像我喜歡接觸古蹟，閉上眼睛，想像它是連接著現代與未來的媒介。你不覺得很神奇嗎？千年前它就存在，看著不同世代的人們來來去去。

◀波斯波利斯遺留下來的雕刻還是可以想像當年的繁榮。

而我們站在這裡,與它在同個空間,虛擬現實絕對無法帶來這樣的感受。」

我心裡有點矛盾,畢竟從小就被教導不要亂摸,但還是閉上眼睛,跟著崔佛嘗試感受那時空的奧祕。也許因為豔陽高照的關係,令人不禁產生幻覺。在這占地十二公頃的地方,似乎可看見逾百位使節在遠處數不清的高大石柱之間徘徊,腳步聲響徹宮殿。曾稱霸西亞的波斯帝國,正用不同的形式永續存在著。

萬花筒下的粉紅清真寺

拉開那厚重的木門,我在陰暗的祈禱室內獨享三十秒的寧靜。在天邊未露出白皙的亮光前,我們已在莫克清真寺(Nasir ol Molk)前外守候。壯觀的穹頂設計,複雜的彩釉瓷磚,無疑是伊朗南部最優雅的建築。建於十九世紀末,那時的波斯深受西方國家影響,開始使用印有歐式建築及花草圖騰的磁磚而非伊斯蘭傳統的幾何圖形花紋。磁磚中有大量面積運用粉紅色,因此也被稱為「粉紅清真寺」。

庭中的水池倒映著高大的宣禮塔,左邊的祈禱大廳的窗戶朝東,當清晨第一束光芒透過牆壁上鑲嵌著數塊彩色玻璃照入時,那攀附在牆壁、廊柱、地毯的片片奇幻彩光,令人終身難忘,像極了萬花筒。「根本是攝影大會。」York 說。「我可以理解為什麼有些不拍照的人會不喜歡這裡,

一早就被遊客擠得水洩不通。」這裡每天早晨太陽升起時最為美麗，每根撐起大廳的條紋柱子前後，都有位女孩與攝影師，正努力在黃金時刻內捕捉最好的畫面。

光明王之墓內的虔誠

連日豪雨，在光明王之墓（Shah Cheragh）庭院中的我手忙腳亂。一邊用脖子撐住傘，雙手嘗試著用手機拍照，同時需顧及把卡多爾（Chador）拉好，不禁可以理解為什麼有些女性在伊朗的伊斯蘭革命成功後，對強迫性的遮蓋如此反彈。就算觀光客，女生在伊朗還是要戴頭巾、穿長版及寬鬆的衣物。如果頭巾不小心滑落並露出秀髮，民眾還會善意地「提醒」妳要把它拉回來。

雨水不斷從地面上的磁磚濺起，卡多爾這塊半圓形的大布也因為不停被我踩到，底端開始濕透。這種服飾早在西元前的第一波斯帝國時代就擁有，需一手將布的兩角抓在下巴處，全身只露出一小部分的臉和一隻手，其餘都被遮蔽著，是進入所有清真寺或一些陵墓的必要服飾。若是沒有，入口也都會有備用的。「實在太不便利了！」我不禁火冒三丈。身旁旅伴都是男性，只能苦笑看著狼狽的我。

這裡是設拉子最神聖的地方，是第七任伊瑪目兩位兒子的墓葬。「什麼是伊瑪目？」我悄聲問 York。「妳知道伊斯蘭教分為什葉派（Shia）和

▼ 粉紅清真寺內的光影像極了萬花筒。

遜尼派（Sunni）吧？除了伊朗、伊拉克等少數國家是什葉派，其餘都是遜尼派；差別在於兩者認為誰是先知穆罕默德的真正接班人不同。什葉派認為先知穆罕默德的堂弟阿里是領袖，在伊斯蘭語被稱為伊瑪目（The Imam）。另一派則認他的岳父兼大弟子——巴克爾。」他說。「簡單來說就是什葉派認為血統重要，遜尼派則覺得傳承伊斯蘭精華的人才是繼承者。」崔佛在旁補充。

園外的警衛看我們是觀光客，派了一位懂英文的義工隨行。沒有他的帶領，非穆斯林無法參觀聖墓內部。主殿男女入口分開，內隔間為二。伊斯蘭建築的對稱性，代表不同性別信徒看到的都是相同。殿中帶著閃耀碧綠色的光芒，數百萬個鏡子碎片，裝飾著牆壁及拱形的圓頂。「由於清真寺內都是地毯，放太多蠟燭會引起火災，因此用鏡子的折射來增加室內的能見度。」他說。

傳說有人發現此墓穴長期發出光芒，才會被稱為光明王之墓。我們退至大廳角落，盡量不打擾信徒們的禮拜。看著他們深情地親吻陵墓，嘴裡不斷吟誦著古蘭經。透過鏡面的照耀，反射出最美麗又虔誠的靈魂。就連沒有信仰的我，也感受到宗教讓人內心平靜的力量。

▼每早最期待伊朗烘焙店的傳統麵包。

▲在地鐵被一群熱情的當地人包圍。

▼裹著卡多爾，在雨天裡行動。

▲在光明王之墓前親吻的信徒。

| Winny 報你吃 |

──Shirazi Paloodeh 是一種用米澱粉製作成麵條狀的冰品，口感非常有彈性，有原味或是番紅花口味，需找傳統店家才會好吃。

──Ash 是「濃湯」的意思。當地人的早餐通常是一碗濃稠的湯，裡頭摻雜絞碎的肉、扁豆、鷹嘴豆及不同青菜，搭配著麵包吃。每個地區做法不同。

──Sangak 是一種長方形或三角形的伊朗原味全麥發酵扁平麵包，在鋪了小卵石的烤爐中烘烤製成。

──Shirazi Salad 是傳統夏日小吃，主要有黃瓜、番茄、橄欖油和檸檬汁，可當飯前或飯後的配菜。

──設拉子與西拉葡萄酒同名。自九世紀開始盛產葡萄酒，可惜該國變成伊斯蘭政教合一的國家後，喝酒成違法行為。

| Winny 會客室 |

──波斯帝王谷（Naqsh-e Rostam）：距離波斯波利斯約十二公里，擁有四座墓穴雕刻在垂直的岩壁中。這些陵墓最初建於西元前一千至三百年。內部雖然不開放參觀，但外貌保持完整。八十公里處則有波斯阿契美尼德帝國的首都之一帕薩爾加德（Pasargadae）的遺址，不過所剩不多。

──鏡面清真寺（Ali Ibn Hamza Mausoleum）：第四代伊瑪目的親戚的陵墓。內有解說員介紹歷史，偶爾還會送茶點給觀光客。

──詩人哈菲茲之墓(Hafez Tomb)：伊朗人的朝聖地。根據統計，他的詩集在伊朗的發行量僅次於《可蘭經》。

──伊爾姆花園（Eram Garden）：在二〇一一年與其他八座伊朗波斯花園被註冊為世界遺產。花園具體建成時間不可考，推斷約於十三世紀中。

──粉紅湖（Maharlu Lake）：由於札格羅斯山脈有許多鹽礦，因此距離設拉子二十七公里有座粉紅湖（夏季可能會乾枯）。

彩鹽 虹丘

賈沙克鹽丘 *Jashak Salt Dome*──伊朗 *Iran*
2019.12.18──2019.12.19

| Winny 畫重點 |

── 伊朗南部有獨特的鹽川（Salt glacier）。當鹽受壓，會像水形成冰川一樣流動的地理結構，聯合國組織正考慮將其列入世界遺產名錄。

── 該國目前測到的鹽丘達一百三十幾座，集中在霍爾莫茲甘（Hormozgan）和布什爾（Bushehr）區。

── 其中賈沙克（Jashak）鹽丘最為特殊，除了擁有不同色彩，更有鹽洞穴、鹽川、鹽瀑布、鹽水晶等其他狀態存在著。

踏進寬敞的院子，一陣香味撲鼻而來。穿著傳統服飾的婦女正蹲在院子角落用擀麵棍把麵團壓平。她抬頭見到我們，露出燦爛的笑容，起身把我摟入懷裡。「這位是我母親。」艾邁介紹。聽到外頭的嘈雜聲，其他家庭成員也陸續出來寒暄。

伊朗是世界上第四大石油生產國，鄰近波斯灣地區以「黑金」聞名。艾邁是位年僅二十初的工程師，曾在海上大型石油平台上工作的他，就業不久後發現內心最大願望還是希望讓世界能夠認識真正的伊朗。因此決然辭職，回到距離主要城市賈姆（Jam）約一小時車程的老家，用客製化的方式帶領遊客認識南部的人文風情。

「離開家才知道，曾經拚命想要逃離的地方，才是最溫暖的。」他說。「現在我跟爸媽住主屋。平常姊夫在別的城市打工，所以對面那棟目前是姊姊、姪兒與小妹在住。隔壁則是父母正在蓋給我的新房，希望我趕

快娶個老婆！」我一聽，這不是跟三合院的概念一樣嗎？全家同享庭院，連唯一的廁所都蓋在院落中共用。原來祖孫三代住在一起享天倫之樂，並不限於華人傳統中。

鄉下的飯後娛樂

「嘿！要不要嘗試我表哥自釀的酒？」艾邁從房間拿出一瓶玻璃裝的紅色液體。「自伊斯蘭革命以來，酒就變成違禁品，許多西方人來伊朗對此很不習慣，所以我都會讓客人體驗一下我們的地下文化！不過酒不能亂買，就算從邊境走私進來的國際品牌，內容也有可能被調換。有些不肖商人會故意販售甲醇使人酒精中毒，我就有親戚因而瞎掉！」他在倒滿我們手中的杯子後，自己也小酌一番。

此時艾邁媽媽端了晚餐進來，怒瞪了他一眼。「上了大學後，學生們對宗教並不熱衷，也學會了喝酒。我媽是虔誠的穆斯林教徒，她很討厭我這樣的行為。」他笑著說。我挑了一下眉，難怪會有孟母三遷。可惜孩子都成年了，管也管不著。

我拿著剛出爐、上面還散發出柴火的香氣的饢餅，撕了一片放入口中。稍早前艾邁媽媽讓我體驗一下製作過程，這項手技需在最短的時間內把麵團黏至高溫的鐵製焗爐壁內。可惜我速度不夠快，成品有些變形，還好沒影響到口感。烤好的饢餅外脆內軟，搭配著波斯煎雜菜蛋餅，簡單

卻讓人滿足，難怪在外地的艾邁會想回老家發展。

「你們會抽水煙嗎？」酒足飯飽後，艾邁帶我們到他姊的屋內。老父親
手裡正抱著小姪子，在沙發上翹著腿看電視，姊妹倆則與母親輪流抽著
一尺高的水煙。小妹一見我們進來，馬上淘氣地把完整的煙圈頻頻從嘴
巴吐出，像極了愛吸菸斗的大力水手。我忍不住鼓掌，這可不容易啊！
果然，無論小妹如何指導，我們只能從鼻孔噴出兩條長長的煙，一點都
不帥氣。

兩姊妹突然竊竊私語，從櫃子拿出厚重的布料。「這是伊朗的傳統慶典
服飾，要不要試穿？」姊姊問。對於能夠嘗試不同的民族服飾，我當然
說好！三位女人馬上圍在我身旁，細心地把絲綢纏繞在身上。翠綠的頭
巾配著同色系的洋裝，彷彿下一秒就要去參加隆重的慶典。

團黏至高溫的鐵製焗爐壁內。　▲飯後與全家人輪流抽著水煙。　▲姊妹們把我打扮成波斯娃娃。

老父親早已切掉了電視,不時露出慈祥地微笑看著前方。我嘗試在原地
轉圈,紗綢隨著裙擺飄揚起來。「哇!好美!」她們齊呼。我們一同在
房內拍照、錄影、嬉鬧,直到艾邁提醒明天還要早上五點起來健行,才
依依不捨地脫掉衣服說晚安。我的波斯娃娃體驗,就像灰姑娘的故事一
樣,在午夜前結束。

賈沙克鹽丘與鹽川

打開車門,馬上聞到空氣中的鹹味。如果有人蒙住我的雙眼,還以為被
帶到海邊。「昨晚下過雨,不然地上整片都是白色的鹽結晶。」艾邁
背起背包,準備在有限的時間內帶我們探索不同地形。札格洛斯山脈
(Zagros Mountains)五千多萬年前曾經在深海底,這裡擁有豐富的化
石,板塊的衝撞使許多古代有機物封鎖於地下變成石油。

「妳知道嗎?兩千年多來這裡歷史錯綜複雜。這條總長一千六百公里的
山脈橫跨著伊朗、伊拉克和土耳其,把美索不達米亞平原和伊朗高原兩
地人民分開,提供了文化及政治實體的界限,例如安息與羅馬帝國,較
現代的波斯及鄂圖曼都是靠這山麓隔離著。」York 雙眼不離地,盡量不
要破壞地上尖銳的五彩鹽結晶。

我第一次看到鹽以這種形態存在著。顏色從白、黑、紅、棕、粉紅到黃
都有,層層色澤分明,像極了培根!只是頂端銳利無比,如果雙手著地,

掌心必留下深刻的痕跡。兩旁的山脊呈現出直條狀，艾邁說這山脈受到阿拉伯板塊的衝擊，才會形成大規模的皺褶地形。

「伊朗南部人喜歡在橘子上抹鹽。」他接著把帶來的橘子浸在溪內。「沒想到連水都是鹹的！如果有人在這邊弄個人工泳池，那就像以色列死海一樣可以浮在上面了！」「其實你們腳下正踩著鹽川，它跟冰川一樣是活的，所以每次來都會看到截然不同的地貌。」

我們徒手攀爬岩石，雙腳跨越溪流，不小心沾到水，衣物就會因殘留乾掉的鹽巴而留下一片白。可惜昨晚滂沱大雨使某些區域寸步難行，導致今天沒時間進去艾邁喜愛的鐘乳石洞。「沒關係，每次錯過都是提供下次回來的更多正當性。」我說。

回程，艾邁在公路上攔下一台沒有安全帶、後車箱還需要用布綁緊才能關上的車輛。「你該不會把我們賣了吧？」我開玩笑地問。接下來五個小時，司機一路飆車時速一百四十公里，坐在後座中間的 York 臉色慘白，深知如果出車禍，他將會是第一個飛出去的人。

還好傍晚我們安全抵達設拉子，趕緊傳簡訊給艾邁報平安。「司機有打電話跟我講。他說你們是觀光客，還特地開安全點。」天啊！明明互不相識，居然還幫忙報備，伊朗人也太可愛了！我想，人與人間的無私互動，將會是我想再回伊朗的主要理由。

▲札格洛斯山脈裡擁有大量的石油。

▼一路上都是尖銳的鹽結晶。

▲正踏在鹽川上，顏色像極了培根。

| Winny 會客室 |

——位於波斯灣上的荷姆茲島（Hormuz Island）是當地人青睞的渡假勝地，同樣可看到彩虹鹽礦。可搭國內航線至阿巴斯港（Bandar Abbas），再搭船抵達這裡。

——島上有葡萄牙佔領波斯灣時留下來的遺址、被高含鐵的土壤染成像粉紅色的海水以及彩色鹽丘。環島一圈大約三十公里，可租腳踏車或是從阿巴斯港參團來個一日遊。

沙漠中的沉默之塔

亞茲德 *Yazd*——伊朗 *Iran*
2019.12.19——2019.12.21

| Winny 畫重點 |

——亞茲德初建於西元三世紀，被稱為「風塔之城」。是世界上最古老、擁有最多土坯建築的城鎮之一，在二〇一七年被列為世界遺產。

——作為一個貿易中轉站而興起的綠洲，十三世紀的馬可波羅曾記載當地的繁榮。

——聚禮清真寺（Masjid-e Jameh）擁有伊朗最高的宣禮塔，高五十二米，也是伊朗十四世紀建築的代表。

透藍的天空，崔佛手裡拿著一本馬克・吐溫詩集，一口啜著黑咖啡，正悠哉地享受倦意的早晨。「你無法想像昨天發生了什麼事情！」我走到他身旁。「York 退房時居然忘了拿裝滿現金、護照、筆電的隨身包！而且到車站才察覺！還好遇到開車技術一流的司機，火速載我們回青旅。所幸打掃阿姨將包包紋風不動地留在櫃檯，不然所有旅費都在裡面，不見了可不堪設想！」他一臉驚訝，拍拍 York 的肩膀。「老兄，你這件事可能會被念一輩子喔！」York 苦笑。

兩天沒見到崔佛，卻感覺有一世紀那麼長，三人互相交換旅遊情報，說笑不停。他比我們早幾天抵達亞茲德，馬上對老城屋頂上的 Art House 咖啡廳情有獨鍾。雖然伊朗其他地區也有風塔，但這裡能夠看到風塔林立的景象。亞茲德的夏季炎熱難耐，三千多年以來人們都在地下室挖出蓄水池，並在上面修一座四面透風的高塔。入塔的風會經由水面降溫而吹回室內，成為天然的冷氣機。

「你們不覺得這裡的住宅都別有洞天嗎？」崔佛問。「是啊！在這迷宮似的巷子裡，兩側的土牆都非常樸素，但進去後內部極其奢華。據說穆斯林教提倡外表簡樸，從建築到服裝都是，所以女人才需要遮顏蔽體。」我指了一下頭巾。

「可是我喜歡這種稍微見到髮絲就能令人心動的感覺，現代女性穿著太過暴露，身體已失去了神祕感。」可能發現這樣講有點男性主義，他馬上補充：「當然前提是女生自己想穿著保守啦！」聽到這觀點覺得蠻有趣的，畢竟一直以來都認為露越多才能吸引男人，希望未來內在美會是趨勢。

沙漠中的夕陽

成群年輕人坐在地上播放著波斯流行音樂，小販提著零嘴邊走邊販售，頗像場小型鄉村演唱會。巴夫（Bafgh）沙漠距離亞茲德約三十分鐘的車程，與想像中的一望無際沙漠相差甚遠，似乎墊個腳尖，就能看到遠方城鎮的輪廓。

我頓時感到不好意思，在眾多沙漠中，崔佛原本要去擁有伊朗最高沙丘的瓦爾扎內（Varzaneh）沙漠，卻被我說服來到如此商業化的地方。「重點不是去那裡，而是跟誰在一起。」他絲毫不在意。

▶咖啡廳陽台上眺望亞茲德風塔林立。

◀在沙漠中尋找適合看夕陽的地方。

前方坐在花布墊上的女子乍然驚叫了一聲，駱駝撐起後腿、挺直了前肢，隨著駱駝夫的牽繩在空地上繞大圈。「駱駝是古代最早的交通工具。可惜現代旅遊業為了賺錢，許多都活在殘酷的虐待之中。在埃及，有些駱駝夫還會逼牠們一天工作超過二十多小時，連水與食物都不提供。」我看著眼神空虛的駱駝，不禁心疼地說。

「聽說國際善待動物組織已呼籲人們多利用現代交通工具，像柬埔寨的吳哥窟就開始使用電動自行車來取代大象。只要人們停止乘騎的意願，才能讓動物們得到真正的解脫。」察覺話題有點嚴肅，我趕緊叫男生們往人群反方向走，嘗試在夕陽向地底墜落前找片「真正的沙漠」。

爬沙丘比登山還難，踩下去一不小心就滑回原點。三人費了九牛二虎之力，終於喘吁吁地找到一處闃無一人之地。大夥兒一齊摔在軟綿的沙子上，等著天空的雲彩隨時間轉換，從耀眼的紅變成淡紫，隨最後的光輝被吸入了水平線下。我打了冷顫，入夜的沙漠氣溫直逼零度。遠處的亞茲德數點光亮閃耀，彷彿要我們趕緊回去市區享受熱騰騰的晚餐。

沉默之塔的天葬

前方一片寧靜，就如此處的名字一樣；沉默之塔（Tower of Silence），當地人稱之為「Dakhme」。兩座無頂圓形塔柱、山丘下的廢棄驛站，一切都籠罩神祕的異域氣息之中。「這裡像極了《星際大戰》裡的沙漠

星球——塔圖因。」身為忠實影迷的 York 指出。

沉默之塔曾經是拜火教用來舉行天葬的，直到七〇年代因衛生疑慮才被廢除。與藏人天葬相似，只不過拜火教相信邪靈會在死後進入遺蛻，使它變得「骯髒」。無論是使用火葬或土葬，都會汙染大地元素，於是把屍體交給專職的捐屍者，接著用石棺移至塔頂。屍肉在被肉食猛禽吃完後，遺骨會被扔進中間的大坑，等待雨季來臨時把遺骨溶解，就此讓教徒升天。

「呼！這階梯比想像還陡。」崔佛手撫膝蓋，努力想趕上我們的步伐。爬上頂端的歸魂之地，恰可遠眺全城。塔上的平台被石牆圍繞，與世隔絕。進去後恍如時間都靜止了一般，只能聽到風聲颼颼。「據說捐屍者以前是從祕密通道進入塔頂的，現有的入口是為了遊客們特地打造的。」我讀著旁邊的告示牌說。

踱步繞著中央的坑，我慢慢沉思，想像著百年前這裡屍骨滿遍、天上禿鷹打轉的畫面。世界各地有不同的墓葬風俗，但拜火教採取最自然的方式，完成生命的輪迴。英國詩人約翰·德萊頓曾說：「世界是客棧，死亡是旅行的終點。」那麼我也要不帶著遺憾，認真看遍這世界。

▼老城內充滿土坯建築與風塔。

▼給觀光客騎乘的駱駝。　　　　　　　▼其中一座沉默之塔。

▲夜晚對稱的喬赫馬克廣場。

| Winny 會客室 |

——偏遠的沙漠位置，使亞斯德成為許多波斯人逃離戰爭的避風港，也很幸運逃過蒙古大軍入侵的破壞和肆虐，才得以保留。

——拜火教的是波斯的國教。當阿拉伯人攻打該國時，許多教徒遷移至亞茲德。就算在被征服後，通過繳稅，人民還是可以保持原本的信仰。日後伊斯蘭教才慢慢變成主流。

——當地的火神廟的聖火，據說從公元四百七十年以來都沒熄過。

——在夜晚擁有絕美水池倒影的喬赫馬克廣場（Amir Chakhmaq Complex）附近的蓄水池，被改造成地下運動場（Saheb Al-Zaman Zurkhaneh）。Zurkhaneh 是在伊朗使用巨大的木槌來增加肌肉的傳統運動，被列為世界遺產。在特定時間內可付費參觀。

——亞茲德出產像是龍鬚糖的甜品 Pashmak，通常會撒上開心果配點心吃。

半個世界在伊斯法罕

伊斯法罕 *Isfahan*——伊朗
Iran
2019.12.21——2019.12.24

| Winny 畫重點 |

——伊斯法罕是伊朗第三大城市，早在公元前五百多年就開始繁盛，十七世紀時成為薩法維王朝的首都。
——伊瑪目廣場是世界第二大廣場，規模僅次於中國北京天安門廣場，被列為世界遺產。
——波斯有句諺語叫「Isfahan nisf-e-jahan」（伊斯法罕半天下），用來稱讚這座名城擁有半個世界的繁華。

澳洲人口兩千多萬人，我的愛車「小白」湊巧賣給剛從伊朗移民至南澳的阿什夫妻。「如果妳有經過伊斯法罕，請務必到我家作客。」他說。「外國信用卡無法在伊朗使用。如果缺現金，我請家人匯錢到當地給妳，妳再用澳幣還給我就行了，不然提款卡借妳也沒關係！」

當下只覺得這個人太大方了！原本以為只是客套話，阿什卻在出發前頻頻關心我們的行程，還托他的姪兒幫忙買火車票。緣分就是如此奇妙，假使今天車子是賣給其他國籍的人，那麼對伊斯法罕的肯定只會停在留於逛名勝古蹟的回憶。

伊朗女人

妮可隨性地綁上頭巾、秀出半頭金髮，駕輕就熟地在小巷內穿梭；巴掌臉上戴著墨鏡，如同奧黛麗・赫本在六〇年代經典電影《謎中謎》的造

型。「入夜的伊瑪目廣場是我認為在伊斯法罕最浪漫的地方。」她是阿什的姪媳，下班後幫叔叔盡待客之道。積極練習英文的她，希望未來也能移民澳洲。

「妳老公怎麼沒與妳同來？」York 突然問道。西方媒體曾報導伊朗因女權低落而遭國際社會譴責，他以為這裡跟前幾年的沙烏地阿拉伯一樣，女人不能開車或者在沒有男性的陪同下出門。「伊朗女性早在半個世紀前就有投票權，也出現過女總理！除了需遮住頭髮，待遇和其他伊斯蘭國家相比沒那麼糟。」經過警車的妮可單手把頭巾拉好。

「我老公昨晚喝醉，跌入水井內而摔斷了腿。目前正在家休息，他叫我來陪你們。」她語氣輕鬆，似乎對另一半時常闖禍習以為常。「沒辦法，他年紀比我小，有時候只能像老媽子一樣照顧他。」「其實 York 也比我小。」「真的！姊弟戀在伊朗並不流行，大約只有百分之十，沒想到你們也是！」她對於找到我倆的相似之處感到驚喜。

▲飯後在阿什父母家客廳閒聊。

光輝奪目的伊瑪目廣場

黃昏，妮可牽著我的手在經過百年滄桑歲月洗禮下的伊瑪目廣場漫步。這裡是薩非王朝國王當年檢閱軍隊和觀賞馬球的場所，面積是威尼斯聖馬可廣場的六倍大。縱向兩端分別是伊斯蘭復興時期典範之作的伊瑪目清真寺（Masjed-e shah）及大巴札、橫向的兩側則是皇宮和皇室女眷專用的清真寺，精美程度讓人嘆為觀止。

「咦？怎麼伊瑪目清真寺是在入大門後的右側呢？」一直以來伊斯蘭建築都以對稱聞名，這設計讓人感到不習慣。「因為祈禱大廳必須朝著聖城麥加。」妮可解釋。清真寺內複雜的蜂巢狀拱頂、刻滿波斯文詩的鍍銀大門、裝飾著土耳其藍瓷磚的宣禮塔，設計得美輪美奐，讓人感受不到審美疲勞。

◀廣場上的水池完美呈現出伊瑪目清真寺的倒影。

據說當時的國王從歐洲、印度和中國引進一流的建築師及工匠打造伊斯法罕。無怪乎那時代的歷史學者說：「這座城市將早期波斯王朝所留下的輝煌建築凝集成一座寶庫，呈現出整個時代的最高審美標準。」

離開了清真寺，廣場中央的噴水池映出被燈火點燃的雙層拱廊倒影，在微風中徐徐搖擺。看著坐在綠地上休息的人們，不經羨慕當地人擁有如此悠哉氣氛又唯美的休閒去處。當初建造此地，是為了讓國王可與民眾會面，隨著時代變遷，它成為真正屬於人民的地方，這也算是始料未及吧！

雅爾達隔夜

廚房外的餐桌與客廳內的茶几上擺著琳瑯滿目的食物，不清楚是昨晚雅爾達剩下的或是阿什母親特地準備的。「雅爾達是我們伊朗慶祝冬至的節日，重要性僅次於新年。這晚親朋好友會一起歡聚，吃著象徵破曉與生命之光的紅色水果——西瓜與石榴，度過一年中最漫長的黑夜。」妮可的老公辛那單腳打著石膏、橫躺在沙發上幫我們解說。

今晚，阿什居住在伊斯法罕的兄弟姊妹都齊聚在父母的三房公寓內。室內擺設溫馨，地磚上鋪著多片工藝精緻的波斯地毯，可以猜測他們家屬於中上階級。女生們從廚房內端出一盤盤道地的伊朗佳餚，都是阿什媽媽的拿手好菜，看得出來他們花了不少心思準備這餐。尤其是紅石榴核

桃燉雞（Fesenjoon）及椰棗核桃糕（Ranginak）讓人回味無窮。

飯後大夥兒坐在客廳，由雙語流利的辛那左一句英文、右一句波斯語來翻譯全程對話。「阿什雖是我的叔叔，但我倆年紀相仿，時常一起出去搗蛋。」他笑著說。「上個月伊朗因油價漲而發生動亂，政府就此切斷互聯網，射殺了幾百多位抗議人士。在二〇〇九年也發生過一次反政府群眾運動，我與阿什曾一同上街抗議，結果雙雙被抓進監獄關了三天！」彷彿是個榮耀。

我拿出離開澳洲前與阿什夫妻的合照，他母親握著手機開始落淚。「阿什是最小的兒子，媽媽的心肝，不知何年何日才能再見面。」我不禁開始鼻酸，我非常清楚離鄉背井的痛楚與家人分開的不捨。可惜時差的關係，無法和澳洲即時連線，但我還是提議拍攝全家福，讓在世界另一端的阿什，隔天醒來能看到親人的笑臉。

離開前，他媽媽從房裡拿出一個包裝好的手鐲當禮物，我深受感動，緊緊抱住她纖細的身軀，感謝她讓我們在異地享有賓至如歸的一晚。透過緣分，我們在伊朗多了一群沒有血緣關係的家人。

薩非王朝的黑暗料理

身材高碩的馬丁與嬌小的瑪拉形成強烈的反差萌，兩人站在傳統餐館

Shad Beryani 外等著我們這對素未謀面的陌生人。「阿什的朋友就是我們的朋友。」馬丁說。夫妻倆剛好趁澳洲聖誕假期回來伊朗探親，毫不利己願意放棄一天的家庭時間來當地陪。

「不過你們怎麼會想要嘗試 Beryan ？味道可是重到連當地人都不見得受得了喔？」他感到意外。「好奇嘛！我聽說這道料理已存在於伊斯法罕四百多年，而且只能在午餐時間吃，不然晚上會膩到睡不著。」「妳吃了就知道。」馬丁點完菜不久後，侍者帶來了四盤對折的饟餅。

我用手慢慢掀開，裡頭的炒羊碎肉混羊肝、羊肺略似蘇格蘭黑暗料理肉餡羊肚（Haggis）。「這沒什麼！中華料理也很常使用內臟。」磨碎的堅果、核桃及香料成功覆蓋了雜碎腥味，我一口接一口，吃得津津有味。一旁的老爺爺彈奏著現代吉他前身的烏德琴（Oud），短頸的彈弦樂器，譜出波斯樂曲。

▲ 混羊碎肉羊肺、羊肺及各種香料的 Beryan。

▲ 用湯匙挖起來還有肉絲的黃色羊肉優格。

也許見我們胃口大開，馬丁與瑪拉接著帶我們到老字號 Shahrzad 餐廳，裡頭裝修成薩非宮殿風格，陽光透過彩繪玻璃斑駁在餐桌上，氣氛極佳。我看了下手頭上的食物清單：「下一道就點羊肉優格（Khoresht mast）吧！」

穿著正式的服務生端上一盤鮮黃色、撒上幾粒蔓越莓乾的濃稠優格。這道將羊脖子碎肉、薑黃、番紅花、洋蔥、蛋黃、玫瑰水及優格混合再冷藏的宮廷料理令人難以形容。香甜的風味，口感雖然細滑，但用舌尖仔細品嘗後，還是能分離出些肉絲。「你覺得如何？」瑪拉托著臉問。實在無法決定我喜不喜歡。「很妙。」是我對羊肉優格唯一的評語。

可能一天內太多種奇特食物下肚，當天所吃的羊製品腥味在晚上開始從胃底發酵至喉嚨。尤其 Beryan 的味道無限放大，油膩感像波浪不斷湧上，使我唏哩嘩啦抱著馬桶大吐幾回。難怪當地餐廳只有中午販售這道菜，晚上絕對碰不得！雖說食物能夠讓人更加認識民族性，但未來這兩道料理，肯定不會再試了。

鴿子塔的老爺爺

趴在昏暗桌子角落上的老爺爺被我們的敲門聲驚醒，十六世紀的馬爾達維季鴿子塔（Mardavij Pigeon Tower）位於市中心外圍，不需入門費，但一天來到這裡的遊客屈指可數。畢竟在伊斯法罕上百多座古蹟中，它

顯得遜色。

延伸十幾米的螺旋階梯直通塔頂，百年來這裡曾經是數萬隻鴿子的家，牆壁上對角的長方形坑洞在空間內無限輪迴。「這裡實在太美了，好想迷失在這異世界。」我讚嘆著。

為了收集鴿子的糞便來當肥料，伊朗各地有上萬座鴿子塔被蓋得像堡壘一樣。頂端只有入口只有七乘七公分的大小，確保其他鳥類進不來。塔底端設計成讓蛇無法從外牆攀爬至洞口，以免把鴿子吃掉。現在雖已停止使用，但底部還是有幾隻鴿子在遊蕩。

突然一道黑影從我身旁竄出，老爺爺用敏捷的速度向前抓了一隻鴿子。「喏！」他把鴿子塞到我面前，我當下心想：「這樣該不會得禽流感吧？」不過還是接過手來，感受牠那微小又溫暖的身軀在我手掌內隨著心臟跳動。雖在現代鴿子被稱為「會飛的老鼠」，但在工業發達前的年頭，曾經在農業中扮演著如此重要的角色。人類也許應該回頭向古人學習，重新用有機的方式來對待生態環境，地球的未來才能更長久。

| Winny 報你吃 |

——伊朗人特愛茶屋，其中以大巴札內的 Azadegan Tea House 最具有特色。老闆在穹頂上掛著宛若繁星的各類古董，包含槍枝及銅盾。這裡能夠抽水煙，也能喝到道地的薄荷葉加鹽的酸優酪乳（Doogh）及沾滿糖漿的甜點（Gooshfil）。

——伊瑪目廣場旁有家外觀與台灣冰果室相似的甜品店——Fereni Hafez，專賣伊斯法罕特有的米布丁（Fereni）。口感像極豆花，是用穀類、米粉、牛奶及蜂蜜調製而成的。

——當地有些飲料外觀看起來像是台灣的「青蛙下蛋」，實際上是加了九層塔籽或是奇亞籽，他們相信這些籽有療效並能助於消化。

| Winny 會客室 |

——扎因代河（Zayandeh River）穿越市中心，共有十一座橋樑連接兩岸。最著名的橋分別為建於一六〇二年，長二百九十八米的三十三孔橋（Si-o-se Pol）以及一六五〇年建造的哈住橋（Pol-e-Khaju）。兩者都分為上下層拱廊，下層可像水壩一樣調節河水流量，是薩非王朝時期橋樑設計最著名的代表。

——凡克（Vank）區擁有世界上最大、歷史悠久的亞美尼亞族裔居住地區之一，這裡的主教堂結合著基督教和伊斯蘭教的兩種元素。

——伊爾姆花園（Eram Garden）：在二〇一一年與其他八座伊朗波斯花園被註冊為世界遺產。花園具體建成時間不可考，推斷約於十三世紀中。

——長兩公里的大巴札是中東最大、最古老的市集之一，歷史可追溯到十一世紀。保留著三百多年前的風貌，內部像是座迷宮，能觀賞到聞名遐邇的手工藝品。

▲仰望鴿子塔的內部，完美對稱圖形。

◀下層能夠調節河流水量的三十三孔橋。

◀ 大巴札內的茶屋是當地人時常光顧的閒聊場所。

◀ 口感像是豆花的米布丁。

在德黑蘭看現代伊朗

德黑蘭 *Tehran*——伊朗 *Iran*
2019.12.26——2019.12.29

| Winny 畫重點 |

——德黑蘭有超過五十間博物館及一百多間美術館。

——古列斯坦宮（Golestan Palace）是伊朗最古老的建築物之一，被列為世界遺產，裡頭有波斯皇帝的孔雀寶座。

——該市的地鐵系統非常乾淨，站內大多數有飲水機。

「今天在德黑蘭恐有暴動，外出要小心。」當我們收到阿什的簡訊時，已經在德黑蘭的地鐵上，尖峰時刻跟台北捷運相差無幾，唯一的區別就是車上清一色都是男性，大多女性都在專屬車廂中。

伊朗人從上個月對油價上漲的不滿轉變成對政權的反抗。無論抗爭手段如何，出發點都是為了讓下一代更好。然而身為局外人，不要因為好奇心而去湊熱鬧，畢竟這裡警方與民眾可都是持槍實彈。

越靠近轉運站，人們接踵而至，沒多久我眼睜睜看著 York 擠到另一頭。德黑蘭是世界第二十四大城市，卻沒因人口多而變得冷漠。車廂內的伊朗男人意外地有默契，默默把我導向角落，保持著男女授受不親的距離。無聲的體貼，讓我安全感加倍。

在抵達青旅後，決定早點休息，但後天就要回倫敦的崔佛，執意要去電

影博物館一趟。「伊朗電影在藝術界很有名，身為演員一定要去朝聖。」他說。「那你一定要小心。」我們囑咐著。

儘管隔天的德黑蘭風平浪靜，但兩週後美國總統川普下令襲殺伊朗高級將領、發生伊朗革命衛隊誤射導彈擊落烏航客機等事件發生，使波斯灣局勢皆更為紛亂，所幸那時的我們已離開伊朗，避開一切劫難。

逃離德黑蘭

配戴槍枝的米老鼠、象徵美國的自由女神像斷手斷腳、美元上被稱為「上帝之眼」的金字塔眼睛漂浮在人骨及鮮血之中，全都是被棄置的美國駐伊朗大使館外牆上的塗鴉。單調的色澤，僅使用美國國旗上的紅、藍、白來創作，與當地穿著暗色頭巾的婦女形成強烈視覺對比。

「第一次認識德黑蘭是從贏得數座金球獎的電影《亞果出任務》中，沒想到昔日的大使館如今會開放給大眾！」崔佛手上的《孤獨星球》上寫著免費參觀，卻在伊朗政府把這裡改名為「美國間諜窩點博物館」（US Den of Espionage Museum）後開始收費。

美國駐伊朗大使館的內外像是被時光機凍結，能嗅出陳舊的味道。在一九七九年伊朗爆發伊斯蘭革命後，這裡被幾千名民眾、宗教學生和革命衛隊占領，五十二名美國外交官與平民被扣留為人質長達四百四十四

天。「許多人認為這導致當時的美國總統卡特競選連任失敗。」崔佛說。

踏上大理石的台階,厚重的鐵門像是來到軍事要塞。有間房間甚至使用雙層塑膠片及鋁箔紙來防止竊聽,牆壁上到處寫著仇恨美國的口號。「以前伊朗與美國兩國關係良好,一方提供石油,另一方給予軍事及經濟援助。可是當末代沙王開始傾向西方價值觀,長年的獨裁政權和腐敗使國內宗教保守派及人民十分反感,就此引發出這場革命。」博物館導覽員試著以中立的角度解讀歷史事件。

「這是當時前大使使用的桌子,那裡是美國中央情報局的祕密房間。」他詳細地介紹。「這邊則是電影中出現的碎紙機。快被占領時,大使館員工利用它們和焚化爐積極摧毀重要文件。」辦公室內有多台巨大的儀器,是那時代最先進的科技,現在看起來卻像是好萊塢攝影棚內的懷舊道具。

「我就是革命當時離開伊朗的。」同團有對來自美國的家庭,媽媽是伊朗人。「無論政治理念如何,離開成長的家園還是很心痛。現在只能帶在美國出生的孩子回來看看,讓他們與波斯文化有些連結。」她說。

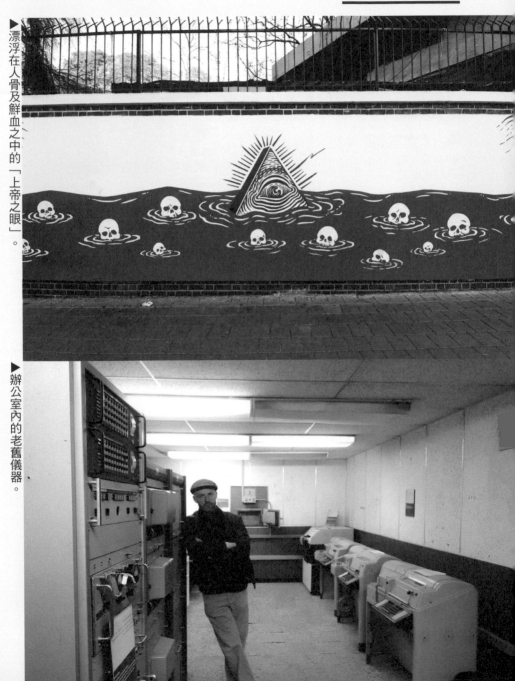

▶漂浮在人骨及鮮血之中的「上帝之眼」。

▶辦公室內的老舊儀器。

神聖防衛博物館

站在連接兩座公園的自然之橋（Tabiat Bridge），遠望蓋著白雪的阿勒布爾茲山脈，再過去的一百多公里即是連接著俄羅斯與中西亞各國的裏海。德黑蘭是座先進的國際大都市，人群絡繹不絕。到處都有時尚的地標襯托在高聳的大廈下，很難想像這個國家正在被美國經濟制裁。

「這裡生活機能一切正常，建設比許多東歐國家還先進。你可以想像如果沒有國際糾紛，現在的伊朗會是多麼進步嗎？」我與 York 討論。尤其在曾經造訪被世界抵制的古巴及北韓後，更對伊朗的自給自足感到佩服。「目前它們最大的貿易夥伴是中國大陸、阿聯酋和歐盟。我猜地理位置與天然資源上，伊朗佔據更多優勢。」York 答。

德黑蘭歷史悠久，擁有眾多文化景點。十公里長的大巴札，更是中東之最。不過我們選擇來到佔地二十一公頃的神聖防衛博物館（Holy Defense Museum）想更加了解長達八年的伊朗與伊拉克的戰爭。剛踏出捷運站，看到遠方豎立著幾顆導彈，「哇！居然拿這些來當裝飾物！」身為戰爭迷的 York 嘖嘖稱奇，博物館外還有數台坦克及戰鬥機，還沒買門票入場就如此精彩。

正門對面擺放著四架玻璃櫃，強烈反射著陽光。臉湊上去後，隨即入眼的是放在破爛不堪的車座上的黑白遺照。「這些是近年來因核能研究而

被暗殺的科學家，他們猜是以色列幹的。」我讀著旁邊的標語。看著彈孔百出的車身，心情開始沉重。

兩伊戰爭

兩旁環繞音響不停地發出爆炸聲，昏暗的博物館以時間軸的方式講述兩國紛繁複雜的戰爭。展示廳呈現出戰亂現場，轟炸的教室、地面上一片狼藉，搭配免費語音導覽及當時的泛黃相片，驚恐的臉龐可以看得出此戰最大的受害者是百姓。

兩國達一千兩百多公里的邊界，一直以來是歷史上的爭端。雖然都信奉伊斯蘭教，但掌握伊拉克政權卻是遜尼派的薩達姆・海珊，與伊朗的什葉派不合，再加上波斯人與阿拉伯人日積已久的種族衝突及宿怨，使薩達姆・海珊決定趁伊朗內政動盪時發動攻擊，戰爭在一九八〇年九月正式爆發。

「這博物館規劃得真好，互動性十足。」我們經過一間冷氣開到最強的展廳，模擬著士兵們守在高山上必須面對的低溫。踏在透明的玻璃走道上，可看見不同種類的地雷。其中讓我印象最深刻的一區，天花板上掛滿西方媒體的報紙，上面不斷譴責伊朗。旁邊的牌子上寫著：「八年來美國及許多西方國家都支持伊拉克。媒體隻字不提發動戰爭的是伊拉克，國際社會也沒抵制他們侵略、轟炸城市、在戰區使用化學武器等罪

刑。」許多國家確實從販賣雙方武器從這場戰爭中從獲利，卻也促成極大傷害。

可悲的是，兩國分界線在歷時八年的戰爭結束後回到原點。除了重建基礎設備之外，原本因石油而開始繁榮的兩伊，因出口石油的設施遭受嚴重破壞，產生巨大的經濟損失。直到二〇一〇年，伊朗還在要求伊拉克賠償兩伊戰爭時期的損失，因此伊拉克的重建更顯得遙遙無期。著手策動兩伊戰爭的薩達姆‧海珊後來因為美國政府認為他包庇九一一襲擊事件的賓拉登而遭美軍擄獲，被判處絞刑。在結束博物館後，只覺得世界各地的動亂不斷輪迴著，難怪許多人最大的願望就是祈求世界和平，但人是貪婪的生物，要如願以償可能遙不可及。

▲遠方的導彈。

▲爆炸後的車內及遺像。

▲巨大的伊朗國旗。

| Winny 會客室 |

——Iran Flag Tower 高一百四十七米,曾經是世界最高的國旗。

——Palladium 是德黑蘭最高級的百貨公司。附近的大廈奢華,名車滿街。雖然沒有國際精品,但中上品牌例如施華洛世奇還是有的。

——距離市區不遠的 Mt. Tochal 適合滑雪及健行。海拔四千米的山頂,就算是在夏季還是會冷。

——伊朗國家博物館內有尊兩千多年前,在鹽礦內被變成木乃伊的王子,他身上的衣服及珠寶都還保持完整。

伊瑪目的殉教之地

馬什哈德 *Mashad*──伊朗
Iran
2019.12.29──2019.12.31

| Winny 畫重點 |

──馬什哈德是伊朗第二大城，中國古稱為「墨設」，有「殉教之地」之意。
──距離土庫曼邊境兩百五十公里。
──伊瑪目禮薩聖陵（Imam Reza Shrine）是伊斯蘭教什葉派的聖城之一，每年吸引超過兩千萬信徒朝聖。

「天啊……剛才好丟臉……」我摀著臉回到車廂。「怎麼了？」York 正在重整行李，今晚這班列車將從德黑蘭開往距離八百五十公里外的馬什哈德。伊朗鐵路系統發達，與鄰國關係良好時更可直達土耳其。訂票時，阿什建議我們多花三十歐元把同車廂內的臥鋪票一併買下。「這樣妳整晚都不用戴頭巾。」他說。「這台火車是 First Class，票還含晚餐呢！」聽他形容得有多好，使我們以為訂到最高級的車廂。結果當天卻沒有視頻中的禮遇，忍不住問車掌小姐。「請問我們是商務艙還是頭等艙？」「Economy（經濟艙）。」她看了下票根。「什麼？經濟艙還有含晚餐？」「是的。」原來阿什所說的「First Class」是代表五星級列車，不是車廂等級。

車廂突然暗了下來，火車開始發動，我們在昏暗中持續聊天。刷一聲，同位車掌小姐開門檢查裡面是否有人。只見我們摸黑坐在位上，她詭異地看了一眼就離開了。這時我們才發現原來內部的燈是可以調整的！

「實在好糗……好像第一次搭飛機的鄉巴佬……」我再次感到汗顏。

這班火車的設備不亞於飛機,每人都有盥洗包、耳機,也有銀幕可以看電影,袋子內更有毛毯與床單讓臥鋪更舒適。晚餐是雞肉飯配上沙拉與麵包,雖然跟旅遊節目中頭等艙的高級伙食相差甚遠,但也不賴。「早知道應該問頭等艙多少錢,搞不好付得起。」York 說。「誰會知道阿什的 First Class 與我們的定義不同,這就是英文諺語 Lost in Translation(迷失在翻譯中)吧!」我嘆。

什葉派的聖城

淺紫色的晚霞像是造物者拿水彩筆在半空中暈開。街道上人來人往,越接近伊瑪目禮薩聖陵越是熱鬧。自古以來參拜會伴隨著人潮,巴札內的攤販高喊著不同奇珍異寶。每公克比金子還貴的番紅花是這裡的特產,也是當地人烹飪、泡茶的萬用香料。

伴隨著清真寺的喚拜聲,朝聖者絡繹不絕。馬什哈德每年吸引數千多萬遊客,對所有穆斯林來說,伊斯蘭教最重要的聖地是沙烏地阿拉伯的麥加(Mecca)禁寺,全世界的清真寺都要朝那方位建造,任何有能力的教徒此生都應該去朝聖一次。然而來伊瑪目的陵墓朝聖對什葉派信徒而言也是一大功德。據說第八代伊瑪目——阿里・禮薩在此被毒害,後人為了紀念他而建了一座神壇,使原本的小村莊發展成至今這規模。

「妳不能進入。」被欄杆外的守衛擋住,我滿臉驚訝,因為這裡與麥加不同,是歡迎非信徒前來參觀的。我踟躕不前,此時一位年輕人出來解圍,他與守衛講了幾句,便帶我們進去裡面的衣物出租處。原來是因為沒穿遮擋全身的長袍——卡多爾才被拒絕在外。租借的碎花長布與當地婦女所穿的全黑罩袍顯得格格不入。「這樣好像是為了區分妳是觀光客。」York 打趣地說。

▲馬什哈德的街頭。

人們的虔誠

「大門到底在那裡?」伊瑪目禮薩聖陵雖然無法像麥加禁寺一樣容納四百多萬人齊做禮拜,但面積可是世界之最,內部除了有伊瑪目陵墓,還有由帖木兒帝國皇后——高哈爾紹德(Goharshad)在十五世紀建造的清真寺、一座博物館和圖書館、四座神學院、禮薩伊斯蘭科技大學、若干雄偉的禮拜大廳和其他建築。「這裡實在太大了。」我兩手一攤,

放棄尋找特定入口。

通過拱型長廊，我被眼前壯觀的景象所震撼。目光所及，處處都是富麗堂皇。地面上精雕細琢的大理石，上面鋪著一塊塊名貴、手工編織的波斯地毯，上百位信徒齊聚一堂行禮叩拜。遠方，一位面容姣好的少女對著天空淚流滿面，想必來到此地對她來說並不容易。人們一踏入聖地就朝前方鞠躬，不斷親吻牆壁。更有老先生賣力推著輪椅，帶著行動不便且同樣年邁的太太前來圓夢。我們沉浸在眼前景像，被人們對宗教的虔誠及淚水而打動。

▼信徒們坐在波斯地毯上祈禱著。

▼伊瑪目禮薩聖陵的晚霞。

絲路一帶

「你們從那裡來？」身後一位身材魁梧的員工突然問。「台灣。」
「喔──我曾經去台北參加過柔道比賽。」他說。小聊一番後，他從身
上挑出一塊麵包。「這是阿拉祝福過的，你們拿去吃吧！」「謝謝！」
我雙手接過。「我很好奇為什麼你們都要拿著雞毛撢子？」我指著他手
上的用具。「有些女生頭巾可能會沒戴好，我們都用這個拍肩膀提醒，
畢竟男女授受不親。」他笑著。

入夜後的伊瑪目禮薩聖陵燈火輝煌，襯托著上弦月，像是場嘉年華會。
內部有間專給朝聖者準備的食堂，寒冷的冬天喝上一杯熱茶，使人打從
體內溫暖起來。《古蘭經》內曾說：「你們把自己的臉轉向東方和西方，
都不是正義。正義是將所愛的財產施濟親戚、孤兒、貧民、旅客、乞丐
和贖取奴隸，並謹守拜功，完納天課，履行約言，忍受窮困、患難和戰
爭。」

在伊朗我們收到太多無私的善意，一路上受人款待。想到明天就要離開，
內心極度不捨。被西方社會嚴重誤解的伊朗人，是我們旅遊至今見過最
慷慨、打從心裡行善的一群。感謝這些遵循教義的穆斯林，讓我們見識
伊斯蘭教最美的一面。世界很大，但有些地方還未離去就渴望再回來，
伊朗就是這麼令人留連忘返。「再會了，伊朗！。」我對自己默默許下
承諾。

｜ Winny 會客室 ｜

——有些連結主要城市的火車票需要提早幾個禮拜預定，可能要請旅行社或旅館代買。Fadak 火車是所有伊朗車種中最高級的。

——如果有伊朗的網卡，可以使用當地共乘 APP「SNAPP」。有英文版本，費用比計程車便宜許多。下載網址：snapp.ir

——距離市區不遠的 Mt Tochal 適合滑雪及健行。海拔四千米的山頂，就算是在夏季還是會冷。

——在伊朗換錢，所有地方都是使用黑市匯率（含機場），可以在 www.bonbast.com 查詢，只是這個網站在當地需要 VPN 翻牆才能使用。

絲路
一帶

ALONG THE SILK ROAD

〔烏茲別克｜希瓦〕

奇幻跨年夜

阿什哈巴德 *Ashgabat*——土庫曼 *Turkmenistan*

2019.12.31——2020.01.03

| Winny 畫重點 |

——土庫曼是全世界最封閉的國家之一，每年平均不到一萬位觀光客，人權紀錄是全球倒數第三名。
——首都阿什哈巴德使用了大量的白色大理石作為建材，因此被稱為「白色大理石之城」。
——相傳張騫出使西域時，從這裡帶回汗血寶馬。

望眼看出去，市容是一片被金色點綴的白，與這國家百分之八十的沙漠格格不入。土庫曼是世界上最難進來的國家之一。所有的旅客都要簽證，被拒絕簽證的機率比申請成功還高。街上空無一人，除了無論何時都在各個轉角忠守崗位的軍人。

自建國以來，連續兩任的獨裁者都特別喜愛白色與大理石，單在阿什哈巴德二十二平方公里的市中心內，就擁有五百多棟白璧無瑕的高聳建築，甚至連電線桿、路燈、公路上的汽車也都須保持相同的色調。詭異的是，這些由國際建築大師所設計的政府建築禁止任何人拍照，只要在附近取出相機，就會被大聲喝止。難怪人家說這裡是北韓平壤與拉斯維加斯的混合體。

「就算車子停下來，你們也不能隨便照相，到處都有攝影機。」司機看到我們把手機朝窗外拍攝，趕緊提醒。「直到幾年前，只有白色的車

輛可以在首都內行駛。而且如果車子太髒也會被罰款，罰金是超速的一倍！」「看來這裡的總統對白色有種病態的堅持。」我心想。

穿著軍服的清潔人員

旅行社幫我們安排住在土庫曼內務部（Ministry of Internal Affairs）經營的旅館。打開房門，一位穿著軍服的少年端著茶壺與杯子對著 York 頻頻做手勢。雞同鴨講了好幾分鐘，才恍然大悟！原來他是要警告我們茶水很燙，因而做出汗從額頭流下來的手勢。「好像在玩小時候比手畫腳的遊戲 Charades。」他事後回憶。

當土庫曼還是屬於蘇聯體系時，內政部為了增加資金，在五〇年代開始了經營旅館。由於位置是在總統府旁，早期接待過不少貴賓，直到市區新建了許多五星級飯店後，這裡才變成了平價的住宿。房間內的設備雖然老舊，床上鋪著不和諧的碎花布被單，但這些剛服役的阿兵哥對清潔卻不馬虎。跟每晚幾百美元的房間相比，這裡更增加了些故事性。

意外的中文嚮導

同樣信仰伊斯蘭教的土庫曼，跨年氣氛比伊朗濃厚。平常有宵禁的阿什哈巴德，今夜將會在世界上最大的室內摩天輪外舉辦煙火大會。只不過距離旅館至少半個小時車程，搭公車去應該比較省錢。正當我們拿著手機翻譯軟體詢問櫃檯阿姨該如何坐交通工具時，耳邊突然傳了一句熟悉

的語言。一位講著流利北京腔中文的棕髮美女，身穿紅色晚禮服坐在大廳的沙發上，與周圍單調的裝潢格格不入。「請問需要幫忙嗎？」她優雅微笑著。

「我們想去 Alem Center 跨年，但不知道怎麼搭公車。」我說。「阿姨只是怕你們走丟，所以才建議搭計程車。我正在等我的男友，晚上剛好也想去那邊跨年，不如先跟我們一起去吃晚餐吧！」她答。於是我們與她聊了起來。原來席娜曾經在中國讀書，石油工程學位畢業後，回來國營企業就業。「難怪妳中文那麼好！」我對她感到欽佩。「語言如果太久沒講就會變得生疏，很高興有機會與你們練習。」她謙虛地說。

「土庫曼擁有豐富的天然資源，除了擁有世界第六多的天然氣儲量，也有大量的石油。所以我平常都在另一座城市上班，每半個月才回來一次。」「天啊！這樣豈不是打擾你們約會？」看著她精心打扮，實在不想當電燈泡。「不會啦！我們下個月就要結婚了。而且我男友在總統府上班，靠關係請到一位當地有名的歌手來祝賀，如果你們也能參加就好了！」她像位情竇初開的女孩，散發出熱戀的粉紅泡泡，使我原本因感冒而昏昏沉沉的頭腦，也被她的情緒感染而亢奮起來。

與神祕的土庫曼高官相會

「來了！」一位穿著黑色風衣的男子推開門，席娜跳起來朝他奔去。「亞提只會講土庫曼語和俄語，所以由我來翻譯。」她表示。坐上計程車，

▲到處都是白色建築及車子的阿什哈巴德。

◀從世界最大室內摩天輪上看市容。

▶與席娜在總統府公園內散步。

一路上亞提帶著濃厚的愛意,看著他的未婚妻,沒有因為無法加入對話而感到不耐煩。不料因為跨年夜的關係,好幾間餐廳都提早打烊,最後只能在外賣店買兩盒雞肉飯。「很抱歉,本來想給你們吃土庫曼最好的

食物……」席娜露出難過的表情。

回旅館的路上，經過總統府花園，步道旁爍著巨大的二〇二〇立牌，像極了台北的跨年夜。「這裡好漂亮，來自拍吧！」席娜提議。原本擔心土庫曼人會因與外籍人士接觸而被誤認成間諜，她卻意外大方地牽起我的手，讓我不知所措。「咦？妳男友呢？」這時才發現亞提走在對面的街上。「我們是穆斯林人，結婚前不能住在一起。而且他小有名氣、官位又高，怕被總統府的人看到……在你們的國家可以跟任何人結婚對吧？我們只能跟土庫曼人結婚……」

席娜的話讓我想起當時剛獨立的土庫曼，總統尼亞佐夫為了急於把所有有關蘇聯的痕跡剷除，除了強制解雇非土庫曼種族的人民、讓學校拒收非土庫曼姓氏的學生。有陣子更實施如外國人欲與土庫曼女性聯姻，必繳交至少五萬美金的荒謬政策，目的就是為了建立只有土庫曼人的國家。我想是因為這樣，讓席娜覺得她只能與土庫曼人通婚吧。

道別前，席娜留下了電話及電子郵件，希望有機會可以到她家吃飯。可惜我隔天身體微恙，不好意思打擾人家，這場奇妙的一面之緣就在此結束。到現在我不時還會想到她甜美的笑容，希望婚姻如她所期望的圓滿。

跨年晚會的超級 VIP

「這位到底是何許人物？怎麼問個路又好像碰到位大人物。」我與 York

交頭接耳，看著年輕人輕拍警衛的肩膀打招呼，帶領著我們繞過早已等候多時的觀眾，直入會場核心。他是我們在公車站牌問路時遇到的人，連名字也不知道。雖不會講英文，卻指著我手機上的摩天輪照片，手握拳頭拿到嘴邊，示意著他也要去跨年晚會。「他是主持人或是歌手嗎？」我們猜想。

廣場上的男孩們頭戴中南亞穆斯林男子常佩戴的卡拉庫爾帽，一群女大生則是身穿長裙、手持螢光棒，看到我們經過並用日文大喊：「你好！」令人哭笑不得。年輕人帶我們到跨年晚會的最前區，眼前的世界上最大的室內摩天輪正在倒數計時。僅離兩尺，佇立著幾排土庫曼高官，身上穿著挺直的西裝外套，面對現任總統別迪穆罕默多夫照片的巨型看板。我們這區雖然有帶著孩子的家庭，但一看就是官宦人家。「這根本是超級 VIP 區！」我拉著 York 說。

儘管語言不通，但年輕人把看守這區的警衛拉到一旁，似乎是告訴他，我們非不速之客。接著把手放在胸前，微微彎身行禮後便匆忙離去。「也許他是要去後台表演。」我推測。可惜整晚都沒再見過他，便後悔當下沒有與他合影，搞不好櫃台阿姨可以確認他是不是乏乏之輩。

土庫曼式的跨年

宛如中國的春晚，台上將近百位的舞者隨著民俗音樂翩翩起舞，四位主

持人輪流唱歌及主持。在每段表演結束後，一旁的政府官員就會一併鼓掌，好似排練過，就連倒數前還有高官致詞十多分鐘，氣氛偏向嚴肅，直到第一炮煙火發射後人們才高聲歡呼：「HAPPY NEW YEAR ！」

正當年輕人們開始嘻笑，周圍穿著黑色大衣的官員卻在煙花綻放後，迅速離開會場。他們應該已在零下氣溫中，站了幾個小時，園外早已停滿幾十台白色最新賓士轎車等待。階級較低的，則是搭上白色的巴士，而我們這些市井小民，只能跑到對面搭公車回家。

土庫曼是實行獨裁統治的國家，人民從沒因國土豐富的天然資源而富裕。總統利用個人崇拜的模式來取得人民信任，就如北韓金正日一樣，到處都看得到他的身影。他更學毛澤東，寫了一本類似《小紅書》的綠色《靈魂之書》，宣稱任何讀過該書三次的人都可以上天堂。

深夜一點半，我們拖著疲倦的步伐回到內務部。櫃台阿姨站在門口不停地張望，若盼著孩子晚歸的母親，看到我們回來後才鬆口氣。我拿出手機裡的照片，「你看！有成功到目的地！」她顯得非常興奮，好似是她達成一件不可能的任務。今晚的跨年夜是個完美的句點，誰會想到迎接未來的二〇二〇會是讓全世界翻天覆地的一年，至少這夜我們睡得非常安穩。

▲跨年晚會的煙火，新年快樂！

| Winny 報你知──金氏世界紀錄 |

──阿什哈巴德這座城市擁有多項金氏世界紀錄，除了是全世界最高大理石密度的城市（連總統府附近的地下街牆壁及地板都是大理石），還有其他令人咋舌的項目。

──例如世界上最大的室內摩天輪就在 Alem Center 內，高五十七米。

──土庫曼地毯博物館（Turkmen Carpet Museum）內擁有全世界最大的手工地毯，面積達三百平方公尺。

──阿什哈巴德奧運體育場內的雕像，被金氏世界紀錄列為世界最高的馬型雕像。

──土庫曼廣播塔（Turkmenistan Broadcasting Center）則是全世界最大的星形建築，塔高二百一十一米，位於阿什哈巴德旁的山坡上。

──在土庫曼國家博物館外的國旗是世界第四高（一百三十三米）。

| Winny 會客室 |

──土庫曼的網路限制非常嚴格，翻牆也無法成功連接到社交軟體，唯一與家人通訊的方式就是電子郵件。

──一般旅館沒有網路，必須前往某些五星級旅館才能在大廳免費使用無線網路（只需到櫃檯間密碼即可）。

──俄羅斯市集（Russian Market）很適合觀光客來買便宜食物及紀念品。這裡有賣世界上最大的淡水魚──歐洲鰉（Beluga sturgeon）的魚子醬，在其他國家一百克要賣兩百美金，這裡只要十美金！原因是土庫曼位於裏海旁，在沒有法律的控管下，歐洲鰉因大量捕殺而接近絕種。建議大家還是吃人工養殖的魚子醬。

──路上任何的車子都可以招下來當計程車，但不會是免費。

──公車站牌都有標示路線地圖，而且司機會找錢，搭一趟不到五分美金。

──千萬不要亂照相！尤其是總統建築或是路上的軍官，可能會被臨檢相機所拍攝的照片。

燃燒半世紀的地獄之門

達瓦薩 *Davaza*──土庫曼
Turkmenistan
2020.01.03──2020.01.04

| Winny 畫重點 |

──達瓦札天然氣燃燒坑（Darvaza gas crater）也被為稱地獄之門（Gates of Hell），寬七十米、深三十米。

──自七〇年代燃燒至此，被 CNN 列為世界上最詭異的地方之一。

前不著村，後不著店，大漠中一片荒蕪。幾座零散的小村落，與白色大理石建造的首都天壤之別。「很難相信這是同個國家。」我喃喃自語。看著車窗外的泥磚房，不禁讓我想起曾祖母在台南住的土角厝，那個只需用稻草攪泥搭起四面牆即是避風港的年代。

「一離開首都路況就會變差，需要開四輪傳動。」司機穆拉特說。沒過多久他把車停在路邊仔細聆聽引擎聲。「好像有點問題。」他在柏油路面鋪上地毯後，從後車箱拿出工具，躺在地上檢查。「當司機還要會修車喔？」我們站在一旁等待。「待會到營地，我還要負責伙食呢！以前都是老婆煮飯，接了這項工作後還須請教她如何醃製烤肉串。」「哇！十八般武藝樣樣具備！好期待晚餐！」

沙漠中的蒙古包

達瓦札天然氣燃燒坑介於阿什哈巴德及北部最大城市 —— 達沙古茲（Dashoguz）之間，方圓三百多公里內沒有旅館。「我們可以自行搭公車到達瓦札村莊，再從公路徒步七公里進入沙漠，只是夜晚零度應該很難在外露營。」York 安排行程時說。「當然是找旅行社包車！」我直接了當決定，年過三十可經不起折磨。

花錢的好處就是什麼都不用想，一切有人張羅。車子顛簸了五小時後，總算抵達地獄之門。光天化日下的天然氣燃燒坑看起來像是大型的垃圾焚燒場，實在無法理解那些只安排白天到此一遊的旅行社。「你們應該餓了！不如晚上再來看吧！住的地方只有四百米遠。」穆拉特貼心建議。

住宿與我預期的蒙古包（Yurt）相差甚遠，沒有蒙古草原上來得華麗，中亞地區遊牧民族使用的款式外表較為單調，木圍籬搭建成圓形的圍牆，在折卸時能折疊使體積縮小，能當牛、馬車的車板。據說一頂蒙古包只需要一隻雙峰駱駝即可運走，而且三小時內可搭起，格外適合時常移動的牧民。

一名叫庫班的當地男子開始生火，他是住在附近的居民，工作是幫忙鋪床、清潔、打理一切。「有旅客時就會請他提前來做整理，不然這些蒙古包一般都上鎖。」穆拉特說。蒙古包外型雖然不大，但內部有兩張單

人床、火爐跟一套餐桌。我好奇地掀開穆拉特與庫班的蒙古包,裡頭除了大片地毯、棉被與枕頭,什麼都沒有。「看起來簡單又溫馨。」「想換嗎?我們不介意睡床。」穆拉特俏皮回答。

不一會兒,空氣中香氣四溢,穆拉特的特製羊肉串聞起來令人垂涎三尺。我驚訝看著桌上變出的食物。「公司還贈送一瓶土庫曼伏特加,蘇聯留下來的傳統。」他倒了一杯在我手上,透明的液體意外順口,身體霎時溫暖起來。與滴酒不沾的鄰國伊朗相比,能夠偶爾淺酌的土庫曼穆斯林幸福多了!

▲土庫曼的蒙古包。

▶觀光客的蒙古包有床。

入夜的地獄之門

爬上沙丘，浩瀚無際的卡拉庫姆沙漠一片漆黑，大地裂開一道大洞。火紅的達瓦札天然氣坑如同一扇通往地獄的大門，緩緩降臨在夜幕中。沖往夜空的火光蠱惑眾生，使人無意識地往前走。「幸好政府有豎立圍欄，不然我可能會被火焰催眠而掉入火坑中！」我伸出雙手，感受那熱騰騰的溫度。

地獄之門並非上帝傑作，而是人為後果。土庫曼石油存量排名世界前五十名，當時的蘇聯工程師在這裡探測油田時，不慎鑽到天然氣，一個相於美式足球場的五千多平方米面積就這樣塌陷了！為了避免洩漏的天然氣會對居民及附近生物造成影響，決定放火點燃。原本估計幾個禮拜內會燒完，沒想到從一九七一年至今還未燒盡。

「這樣不會增加全球暖化嗎？」我突然想到。「天然氣的儲存與運輸是最大的難題，在附近沒有可行設備的狀況下，燃燒是較安全又經濟實惠的方法。土庫曼總統曾揚言要把它填滿，但事後又改口，畢竟該國並不重視環境保育。」York 說。「也是，少了地獄之門，誰會想要來土庫曼……」我望著前方目不轉睛。人類自古以來就對火種有無法抗拒的吸引力，從舊石器時代學會使用火後就是如此。

寒冷的冬夜，大團火焰重地底捲起，煉獄之火不斷咆哮，劈哩啪啦像是

浪花拍岸。身後一陣喧囂，一群穿著制服的消防員下班後來此聊天。其中一位拿出手機打出「1971」，想告訴我們開始燃燒的年份。土庫曼人普遍對觀光客沒那麼好奇，也沒興趣拍照。在靡靡火聲中，York 與我各自沉思默想，他們喝酒嬉鬧，一起在這超現實空間達到平衡。

| Winny 會客室 |

——土庫曼的簽證有兩種：過境簽證或旅遊簽證。前者須證明你只能經土庫曼才能抵達下個國家，前提是你必須要有下個國家的簽證才能申請。通常過境不能超過五天，不需要導遊或司機，是最便宜但失敗率高的方式。旅遊簽需通過旅行社取得土庫曼的邀請函（Letter of Invitation），天數可自訂，除了在首都，其他地方都需要有導遊。然而帶著邀請函到邊境，簽證還是要看海關，但會增加機率。

——該國其他世界遺產為花剌子模的首都——庫尼亞烏爾根奇（Konye-Urgench）、在唐朝被稱為「末國」的莫夫（Merv）和安息帝國最初的首都——尼薩（Nisa）。

▲入夜沙漠中的地獄之門。

▼站在邊緣可感受到火焰的熱氣。

▼夜晚的天然氣燃燒坑像是地獄的火焰。

中亞販賣奴隸的大本營

希瓦 *Khiva*——烏茲別克
Uzbekistan
2020.01.03——2020.01.07

| Winny 畫重點 |

——一千五百多年前，希瓦是絲路上重要的綠洲城市，曾經是花刺子模王國與希瓦汗國的首都。

——十七世紀的古城分為「城內」（Ichan-Qala）與「城外」（Dichan-Qala）。前者為王族居住，是烏茲別克第一項世界遺產。

——五十多座歷史建築、兩百多棟老房子，許多被改造成不同主題的博物館，可買四十八小時的套票。

「有觀光客！讓開！」兩名土庫曼軍官喝斥。移民署內目測至少有四十幾人，全都主動閃到一旁。一對似乎等候多時的母女好不容易排到海關窗口，卻被逼迫讓位，不禁怒視我們。

土庫曼的達沙古茲離烏茲別克國界才十公里。當蘇聯在一九九一年瓦解時，許多家庭因兩個新起的國度而遭拆散。儘管當今規定住在邊境的烏茲別克人每月可過境土庫曼三天，想到他們為了見家人需長時間排隊，內心對觀光客擁有直接通行的特權感到羞愧。

「我不同意蘇聯當年劃分的自治區國界。花刺子模帝國曾經統治這地區一千兩百多年，舊首都——庫尼亞烏爾根奇目前在土庫曼，因阿姆河改道而新興的新首都希瓦則在烏茲別克。當地人世世代代在此地居住了上千年，蘇聯瓦解後被分為兩國，不是很不人道？」隔日吃早餐時我說。

想到歷史上諸多殖民地在被占領後被隨意瓜分，罔顧住在那片土地上的民族能否和睦相處，而間接導致內戰就感到氣憤。「也許就是要分散人民，才不會聚集造反。」他撕著饟回答。

古代的酷刑

昨晚抵達希瓦時夜已深，皎潔的明月高掛在城牆上。六世紀以來它無數次被攻破及重建，現在只剩兩多公里長。那十米高、地基六米厚的堡壘，世代守護著皇族。

由於事先沒做功課，買了古城套票後就隨意在土坯小巷中穿梭。觀光局製作的地圖很簡略，只能跟著人潮猜測是不是能參觀。「原來這裡是舊王宮（Kunya-Ark），無怪被高牆包圍。」我看了下手機地圖。

自十二世紀以來，歷代的汗王都住在這座城中城，內部有清真寺、後宮、馬廄、造幣廠等。大殿外的涼亭由高挑的木製樑柱支撐，幾何花紋的藍白陶瓷裝飾著外牆，風格深受鄰國波斯的影響。

「找到了！」在王宮內繞了幾圈，終於在入口的轉角發現舊監獄，展示不少當時刑罰的用具。「哇……原來可以從宣禮塔把犯人丟下去？死得真乾脆。相較之下，石刑、活埋與蛇刑還比較殘忍。」我看著牆上栩栩如生的行刑彩繪，連連稱奇。

▲月光下的城牆。

▼黃昏下的「短塔」和已成旅館的阿敏汗經學院。

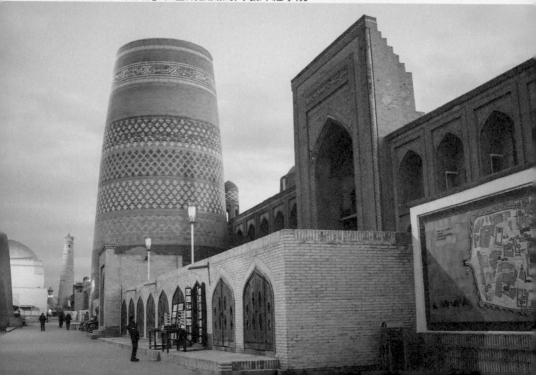

十六至二十世紀初，這片領土是屬於獨立的希瓦汗國。沙漠上的遊牧民族時常靠劫掠為生，把絲路上抓到的商旅人拿去販售。人口買賣在阿拉伯世界並不違法，世界各地的族群都有可能被拿來做交易，例如《天方夜譚》中就多次提到白人奴隸。據說十九世紀時，約有一百多萬名波斯人及無數的斯拉夫人被賣為奴，希瓦逐漸變成中亞販售奴隸的大本營。

「如果有人逃跑，他們的耳朵會被釘在西邊的城門上，公開處決也是在門外執行。奴隸貿易直到一九一七年才禁止。」驗票的女生說。「怎麼比起古蹟，你對這個更有興趣？」York 敲了我的頭一下。「你也知道我喜歡黑暗景點嘛！」我對他扮了個鬼臉。

▼主麻清真寺的木柱大廳。

古城漫遊

一位頭綁條紋圍巾的婦女正在外頭烤羊肉串。「歡迎！裡頭有座位！」
她招攬著。我們跟隨她走進身後昏暗的小餐館，兩名少女坐在隔壁桌，
前方放著幾盤咬一口就沒吃完的食物。在夜市長大的我知道這不是好現
象。

趁老闆娘沒注意時，少女們指著剩菜做出乾嘔的表情，我們了然於心，
趕緊編個理由與她們一起逃離餐館。「老城內的食物又貴又不好吃。」
我向她們抱怨。「聽說城外會比較好，但實際上也很普通。」她們說。
也許當一個地方以觀光客單次消費為主，質量已不是那麼重要。

陽光下的土坯建築如單調的黃紙，偶爾由陵墓圓頂或宣禮塔的金藍綠
點綴。兩組新人伴隨著龐大的親友團及攝影師在未完工的「短塔」
（Kalta-Minor）前合影，新娘穿著西式白紗，蓬鬆的裙襬、頭頂戴著皇
冠，像極了公主。

「妳不覺得有點像核子反應爐嗎？」York 看著眼前高二十九米的十九世
紀地標。依照地基十四尺寬的比例，如果完工將會是全中亞最高的建築。
可惜工程到一半時，汗王駕崩，繼位者無心續建。「這樣不完美的美，
我更喜歡。不然又是另一座宣禮塔。」我說。

那天下午我們隨心所欲地閒逛。古城面積雖然不大，卻蘊含著絲綢之路的精華。沒有行程，沒有導遊的督促，爬上北門的城牆，眺望醉人的天際線。每隔幾百公尺的叫拜塔，可想像昔日喚拜聲此起彼伏時是多麼神聖。毫不費力讓人穿越時空，回到過去這沙漠綠洲生氣勃勃的盛況。

| Winny 會客室 |

——土希瓦最高的建築是高四十五米的伊斯朗霍加宣禮塔（Islam-Khoja Minaret），可登上塔頂瀏覽古城及周圍的沙漠。

——主麻清真寺（Juma Mosque）最大的特色在於大廳內有二百一十二根不同雕紋的木柱，其中有四根是十世紀時遺留下來，其餘為十八世紀重建。

——旺季時，希瓦有火車可直達四百公里外的布哈拉（Bukhara）。淡季時可在北門坐車到三十五公里遠的花剌子模州首府——烏爾根奇（Urgench），之後再前往目的地。

▲ 希瓦的土杯建築。

▲ 街上的小販與經學院。

▶城牆階梯上的孩子。

▶在古城內結婚的新人。

傳說的一千零一夜

布哈拉 Bukhara──烏茲別克 Uzbekistan
2020.01.07──2020.01.10

| Winny 畫重點 |

──擁有兩千五百多年歷史的布哈拉在梵文是「學術中心」之意,在唐代被稱為「安國」。
──昔日為薩曼尼德帝國和布哈拉汗國的首都。
──古城內有超過一百四十多棟中世紀建築,被列為世界遺產。

跟蹌地走出餐廳,想到外頭透氣。距離廁所還有好幾公尺,卻無法制止生理反應。「嘔!」剛下肚的午餐拋射到院外的花圃上。我蹲在一旁抱著頭,問自己怎麼在大白天喝成這樣?

今天是前往布哈拉的日子,四百多公里的距離包車只要四十鎂。「可是共享計程車(Shared taxi)每人才十一美金,能省則省不是我們的旅遊宗旨嗎?」我說。拼車在中亞是最普遍的交通方式,轎車會在固定點等待前往同方向的人。發車時間取決於座位何時坐滿,有時要等上數小時。

於是我們先花一美元坐車到隔壁大城──烏爾根奇。旁邊坐著一位當天即將飛往蘭州讀書的大學生。「烏茲別克為了實踐一帶一路計畫,不只年初開放中國遊客免簽,還創立了多所漢語學。這也是我出國留學的原因,增加未來競爭力。」

他詞彙雖不多,卻不畏表達,學習語言的第一步就是要敢講,完全不浪費四十分鐘車程所帶來的練習機會。中文已成為眾多西方人進修的第二語言,更何況是鄰近中國的中亞。「司機會確保你們搭上前往布哈拉的共乘車。」他離別前特地囑咐。「願你一路順風。」我們也真誠回應。

大白天的宿醉

兩個小時過去,七人座休旅車終於滿載。「下次車款越小越好,不然會等到天荒地老。」我看著錶說。沿途公路盡是漫天塵土,沒多久司機停在一間荒僻的餐廳外。「又怎麼了?」擔心抵達時間延遲的我,不情願地下車。大夥兒直入廚房,門後鮮血淋漓,一座浴缸大的方池放滿著魚。

有的已經被剖腹、白肚朝天,少數則在血池內游泳。「魚間地獄啊⋯⋯」我嚇了一跳。「五鎂。」司機伸出手指。在語言不通的狀況下,我們以為要買魚回家,趕緊搖頭。於是大家上了車,直搗下一間餐廳的廚房。「這裡都沒人吃⋯⋯」我環視周圍。其他人好像也覺得前一家比較新鮮,又折回去。不一會兒侍者把剛出爐的炸魚送上桌。「原來那是指每公斤魚的價位!」這時才豁然開朗,同車的人也開懷大笑地比大拇指。

其中三位大叔合點了一瓶伏特加,分別倒滿飯碗大小的杯子,我從沒見過那麼大杯的烈酒!然而俗話說:「菸開路、酒搭橋」,我就與他們乾了!大叔們欽佩地看著我,馬上又把杯子盛滿。「York?」「對,那是

我的名字。」「Yo'q 在烏茲別克語是 No 的意思。」有了酒的牽引、手機翻譯軟體，整桌笑聲不斷。

不知不覺我喝了四大杯，叔叔指著我通紅的臉頰笑著說：「可口可樂！」酒量好的 York 繼續與他們比拼，連續開了三瓶後稍微不勝酒力。坐在一旁的大叔從口袋裡拿出一小包袋子，倒出碎葉要 York 放在舌後。「像這樣嗎？」他問。突然他神色一變，神情詭異，趕緊跑去洗手台把葉子吐掉。「天啊！我完全酒醒，該不會是古柯鹼吧？我耳朵在響！」「古柯鹼應該是粉狀吧……」我不確定地說。

叔叔們笑得合不攏嘴，在耳邊做了旋轉的手勢。後來才知道這是流行於中亞的鼻菸菸草「Nasvay」，司機常在開長途時用來提神。出發前我把該吐的吐完，接下來睡到不醒人事，完全錯過沿途沙漠風光，不過用暢飲換來的情誼卻無可取代！

傳說中的一千零一夜

民宿的早餐餐廳在地下室，當天菜色由老闆娘決定，從饢配果醬到小麥加牛奶煮成的俄式粥都有。看到我擤鼻涕不停，她從爐台端來一小鍋燒過的蘑菇，叫我深吸一口。說來神奇，鼻子突然暢通。「不如你們去洗土耳其浴，有人刷洗全身，會更舒暢。」她建議。

相傳布哈拉是《天方夜譚》的發源地，居民們游弋於老城街道，濃厚的
異域氣息和歷史感濃罩著整座城市。千年以來這裡是絲路上商隊重要的
聚集點，十六世紀的穹頂市集現今還販售各類生活工藝品。緊連著商圈
是同時期建造的土耳其浴，原是男性專屬，如今男女時段錯開。「可是
我們沒有手機可以互相聯絡，還是算了。」我站在門口想了想。

古城由步行街貫穿著，三棟經學院環繞的利亞比水畔區（Lyabi-Hauz）
如同世外桃源。布哈拉曾經像威尼斯，有數條運河穿越其中。水從阿姆
河引進兩百多座石製蓄水池內，提供當地人飲用。池邊，老者聚集著下
棋、乘涼，氣氛其樂融融。可惜水池的水並不常更換，引發許多瘧疾與
傳染病。在蘇聯佔領後，俄國人把多處填平，此區是少數遺留的。

▼十六世紀的穹頂市集，濃厚異國風情。▼利亞比水畔區百年後依然愜意。

我們接著來到卡里昂廣場（Poi Kalyan Complex）上的十二世紀宣禮塔前，塔高四十七米是中亞之最，站在旁邊令人渺小。據說當年成吉思汗征服至此時，也被它的雄偉給震撼，而決定把它保存下來。「在一九〇〇年之前，犯人會被從塔頂扔下，因而也稱為死亡之塔。」York 說。夜間的宣禮塔從頭到尾被燈光點燃，宛如祭祀著曾經在此死去的靈魂。

採集棉花的季節

昏暗的小巷，旅館外觀其貌不揚，踏入庭院後別有洞天。餐廳取名為 Ayvan，與這種高挑門廊設計同名，能夠捕捉沙漠中的徐風。一流的西式美食，搭配極佳的用餐氣氛，彷彿來到米其林餐廳。「我不敢相信如此有水準的義大利麵一盤才三美金。」真希望每餐都能吃到這價位的食物。

「您們目前所在的地方擁有豐富歷史，請容我述說這裡的故事。」俊俏的侍者穿著西裝說。原來這棟百年老屋原屬於一位富商，他重聘曾設計布哈拉王國夏宮的建築師來打造夢想中的住宅。一九一七年發生俄國革命後，將屋子轉賣給另一位商人，卻在二十多年後被政府強制徵收，拿來當作學校，二戰時期被改成醫院，日後變成公宅，最後終於在一九八七年由現在的老闆購買，用心修復成當年輝煌的樣子。

侍者流利的英文，讓我忍不住問他關於烏茲別克人被政府強迫摘棉花事

件。兩千多年前中國就有紀錄此地盛產棉花，但蘇聯執政後，政府大量引灌河水、開拓沙漠為棉花田，使得土壤鹽化，生態環境嚴重破壞。

現代的烏茲別克依然是全球棉花主要出產國，當地人暱稱為「白金」，是個飽受爭議的產業。每年秋天，政府都會徵召公務員、教師、醫療人員，必須放下手邊工作，被迫去摘棉花，一去就是一個月。官方雖說是「自願」，實際上反抗會帶來牢災或解雇。

人權觀察組織的報告就指出：「每年有數百萬人在惡劣的環境下摘棉花，什麼酬勞也拿不到。」所幸近年來大型西方服裝公司提倡道德採購，給了烏茲別克政府不少壓力。「制度改革後有比較好，以前連高中學生都會被派去摘棉花。」侍者答。

隨著道德消費的意識逐漸提高，定義也越來越廣。人們開始思考該公司是否會削奪或破壞人類、生物與環境。譬如現在巧克力和咖啡豆產業都有國際公平貿易認證，代表勞工有得到應得的工資，而且工作環境友善安全。雖說二〇一九年強制摘棉花的人數有降到十萬，但還有待加強。希望未來有更多消費者負起責任，選擇良知消費，幫助開發國家中的工人處境，為地球盡一份心力。

▲ 市集奶奶請我們幫小女孩拍照。

| Winny 會客室 |

──五世紀的亞克王城（Arc）是布哈拉歷史最悠久的地標，一九二〇年被蘇聯紅軍炸毀，目前八成是廢墟，內部設立博物館。

──布烏茲別克的高鐵有連結布哈拉，撒馬爾干和塔什干（Tashkent）幾座大城市，時速可高達每小時兩百五十公里。

▶布哈拉無數經學院的其中之一。

◀五世紀的亞克王城及駱駝。

◀Ayvan 餐廳內部低調奢華。

▲黃昏的卡里昂宣禮塔開始點燃燈火。

帖木兒的絲路明珠

撒馬爾罕 *Samarkand* ——
烏茲別克 *Uzbekistan*
2020.01.10——2020.01.13

| Winny 畫重點 |

——建立於公元前三世紀，融合波斯、印度、突厥等古文明的特色，在十四世紀時為帖木兒帝國的國都。
——當地經濟繁盛，是漢、隋唐時代絲路的交界點，朝南是印度，往西則是地中海。已編入世界遺產，被譽為「文化交匯之地」。
——中國史書稱此地為康國、颯秣建國，玄奘西行時曾來訪。

撒馬爾罕是絲綢之路上的明珠，就連亞歷山大大帝在公元前三百二十九年攻占此城時，也忍不住讚嘆：「除了比我想像的更美麗，其餘我所聽到有關馬拉坎達（當時的波斯名稱）的傳說都是真的！」可惜後來撒馬爾罕遭成吉思汗屠城，目前大多數的古蹟是帖木兒帝國時期建造的。

正當我滿心期待準備探索這個前後曾被波斯、突厥、阿拉伯、蒙古、俄羅斯等民族占領的城市時，York 驀然驚覺：「我把唯一的帽子留在計程車上！」所幸下車前司機硬把名片塞給我們，沒想到那麼快就派上用場。「我們在火車站好不容易車資砍價成功，現在卻須付雙倍價錢請他把帽子載回來。」我嘆口氣。基於頭部是體內熱氣容易流失的地方，執意出去怕著涼，只好窩在旅館等待司機回來。

「我們明天可以去帖木兒王室陵墓（Guri Amir），不過你聽過帖木兒的詛咒嗎？」坐在暖爐旁查行程的 York 問。「我只知道他的棺槨上刻有：

擾我安息，必遇惡運。在蘇聯考古學家打開沒多久後，納粹德國就突襲蘇聯，民間因而流傳著這可怕的巧合。」我搔頭說。此時老闆過來敲敲門。「拿回帽子了。」他說。「終於可以出去吃晚餐！拜託請你把東西顧好，下不為例！」我告誡 York，趕緊拖他出去覓食。

二次掉東掉西

「哇～是初雪！」一早我興奮地跑出房門，雙手迎接那柔軟的雪花。半個小時後大雪紛飛。「這天氣也變太快了吧！我們還需要領現金呢！」看著空空的錢包，我們只好硬著頭皮冒著暴風雪出門。

「妳知道那是帖木兒老婆的墓嗎？」York 手指著路邊曾經是伊斯蘭界最大的清真寺——比比哈寧（Bibi-Khanym），青綠色穹頂早已覆蓋一層雪白。兩側高十一層樓的塔門無論長寬都令人震撼，在大雪中好似中世紀奇幻美劇《權力遊戲》裡的場景。

▲大雪中的比比哈寧清真寺以及高聳的塔門。

絲路一帶

「當時成吉思汗所建的蒙古帝國已分為四大汗國，帖木兒一直希望能恢復蒙古族的榮耀，所以開始統一版圖並攻打異族。全盛時期甚至從印度拓展至土耳其，歷史學家估計他大約屠殺了一千七百萬人，是當時地球百分之五的人口！依據蒙古傳統，只有成吉思汗的後代才能繼承汗位，因此他娶了察合台汗國的女兒為妻成為王室，才得到汗王女婿的尊稱。這座清真寺就是為了她而建的。」他說。

我微微頷首，連續三台提款機都失敗，加快腳步走向市集，有交易的地方就有現金。就算在大雪中，這座有六百多年歷史的市場還是生氣勃勃。人家說撒馬爾罕的饢是用牛奶代替水來製作，口感額外紮實。當我準備掏腰包買一塊品嘗時，York 又驚呼：「手套不見了！」我無奈地轉過身。「一直叫你口袋拉鍊要習慣性拉好你都不聽！現在可好，那種功能性手套在中亞有錢還不一定買得到！」我不悅地說。

事後一小時，我們低著頭在同條路上徘徊無數次。雪量有增無減，攤販們開始收攤。我靈機一動，拿著落單手套一一詢問店家。正打算放棄的時候，一間雜貨店的老闆從櫃子上拿出掉落的手套。「原來被撿起來了！難怪遍尋不著！」York 感激涕零，給了老闆一個大大的擁抱。「求你不要再掉東西了……」我慎重地再說一次。

永生之王的陵墓

山丘連綿起伏，重疊的墓碑漫無邊際。烏雲遮蔽了天空，石碑上刻著逝者的臉龐，陰森感加倍。「有必要為了省兩美金的門票而繞墓地嗎？」我跟在 York 身後。根據外國網友指示，夏伊辛達（Shah-i-Zinda）北邊有個沒人管制的入口。「可是好像已經設欄杆了。」我指著前方。「那跳進去吧！」「我不要做這種事！」正當在我們各執一端時，一對當地夫婦從旁經過，泰然自若跨過鐵欄。我們互看一眼，馬上有樣學樣，緊隨他們進入夏伊辛達。

「哇⋯⋯」從未見過如此華麗的陵墓群。帖木兒在干戈期間俘獲各地的工匠、學者，把撒馬爾罕建成一座富麗堂皇、文風鼎盛的國都，連王宮貴族及宗教領袖的陵墓也不例外。

夏伊辛達的原意是：「永生之王」。相傳先知穆罕默德的表親——阿波斯在七世紀時把伊斯蘭教傳入中亞。他頭被砍掉後沒死，反而捧著頭躲到此處一個洞穴中，從此這裡變成重要的聖地。歷代的汗王都希望能夠與宗教智者葬在一塊，獲得永生的智慧，所以這裡也變成皇族的陵寢。

由北朝南，從十一世紀到十六世紀在小丘上持續建了十一座陵墓。每棟建築外都有不同時期的阿拉伯書法、彩釉及磁磚，巧奪天工的工藝值得細細品味。伊斯蘭教有禁止陪葬品的規定，墓中沒有多餘的擺設。「這

樣實在太聰明了！沒有東西偷，自然也不會有盜墓者覬覦。」我說。《古蘭經》倡導教徒以謙卑及知足的生活態度以來換取高尚的精神品德，這也反映在他們的安葬方式。參訪完後，夏伊辛達的美以及伊斯蘭教節約的原則，已植入在我的心中。

▲永生之王之陵墓像是條街道。

世界上最高貴的廣場

「這太壯觀了吧！」我瞠目結舌。在三座龐大建築群的襯托下，佇立在雷吉斯坦廣場（Registan Square）上，瞬間感受到人類的渺小。雖然前晚曾在遠方瞥見廣場燈火輝煌，但如此近距離的觀看更撼人心魄。

這裡曾是帖木兒帝國的城市中心，他的孫子烏魯貝克在廣場上建造了第一座同名的經學院。精通天文及數學的他在十五世紀把撒馬爾罕推向巔峰。對面的希爾朵經學院（Sher Dor Madrasah）則是兩百年後仿照原型而建的。「我就覺得兩座很相似。」我站在中間努力分辨差別。「新的正門上有老虎追逐鹿的圖案。已經沒有伊斯蘭教傳入中亞的初期，那麼嚴謹禁止使用人像或動物來裝飾了。」York 指出。

「那中間那棟是什麼？」「提拉卡麗經學院（Tilya Kori Madrasah），代表「黃金」的意思。」他說。果然一踏入左側的清真寺，就被眼前的金光閃耀驚艷到。鑲著金箔的牆體花紋紛繁複雜，拱頂上的幾何造型與巧奪天工的磁磚工藝，除了「金碧輝煌」這四字，沒有更貼切的語詞足以形容。

◀站在提拉卡麗經學院角落的婦女。　　　　　　　　　　▼學院內的清真寺金碧輝煌。

長廊中有間展示廳，黑白照展示著六〇年代的撒馬爾罕。比比哈寧清真寺斷壁殘垣，剩一半的圓頂百孔千瘡。商販們在雷吉斯坦廣場衰破的經學院前搭著帳篷歇息。地震、戰亂與時間，徹底破壞了這些古蹟。「所幸有蘇聯的修復，才能見到今日的撒馬爾罕。」看著牆上耐人尋味的歲月年輪，深深體會到眼前所見的一切是多麼得來不易。保存文化給下一代，是政府與人民共同的責任。

▲六〇年代尚未維修的帖木兒王室陵墓。

| Winny 會客室 |

——阿弗洛席佑伯王城（Afrosiyab）是撒馬爾干的舊址，被成吉思汗毀滅，目前只留下巨大池城遺址。博物館內展示多項中亞伊斯蘭化前的文物。

——沙赫里薩布茲（Shahrisabz）是帖木兒的出生地，距離撒馬爾干約八十五公里，適合半日或一日遊。

——金庸《射鵰英雄傳》裡曾寫下郭靖隨著成吉思汗征花剌子模，攻下此城的橋段。

——偶爾旅行團會安排雷吉斯坦廣場晚上的燈光秀，散客可以從旁觀賞。

山高路遠的跨國記

杜尚貝 *Dushanbe*—塔吉克 *Tajikistan*
2020.01.13—2020.01.17

| Winny 畫重點 |

——塔吉克素有「山地之國」之稱，一半以上的土地高於海拔三千米，百分之九十三為山。

——這座在絲路上的交易站曾經每週一會舉辦市集，因此「杜尚貝」在塔吉克語代表「星期一」。

鋁灰色街道覆蓋了一層雪，一位開著銀色轎車的老先生在身旁停了下來。「你們上那？」他搖下車窗。「三公里遠的車站，想從那邊搭小巴到邊界。」「上車吧！」他說。「雪路不好走，我載你們去。」

我們滿懷感激地上車，老先生在轉角拐個彎後說：「不然付我一點錢，可以載你們到邊境。」「不用了，車站就好。」York 連忙回他。當下暗自叫苦，開始盤算這趟十分鐘車程該給多少。畢竟謀生不易，又不想佔便宜。抵達車站後，他卻拒收我手中的現金。「舉手之勞罷了。」他揮揮手，揚長而去。當下對自己懷疑他是想趁機打劫才接我們上車的想法感到慚愧，世間還是有助人為樂。

海關風波

「嘿！前往杜尚貝的路關了！」司機嘗試阻止我們。「不要理他，搞

不好他在騙人。妳忘了多少次司機為了賺遊客的錢，故意說沒有公車嗎？」York 把我拉向海關。「你們要去杜尚貝啊？通過這個關口是可以到塔吉克的彭吉肯特（Panjakent），但開往首都的山路因大雪而封閉，不知何時才開……」警衛沉思。「不然你們可以繞到圖爾孫扎德（Tursunzoda）。」他指著手機上的地圖。

▲還原的烏茲別克海關建築畫面。

「這樣原本五小時的車程不就變成十一小時了？」我睜大眼睛，後悔沒提早出發。原先的司機看我們掉頭，趕緊湊上來。「兩人一百鎂！」他喊。「原來的路線一人只要十鎂……」我愣了一下，思量著新的價位應該是多少。York 趕緊拿腔作勢，假裝要搭車回撒馬爾罕。司機怕我們離開，立刻降價，最後以兩人五十五鎂成交。「但還要再等一位才能出

發。」他表示。

為了打發時間，我在車子外隨手拍照。「喂！」一位凶神惡煞，背著
AK自動步槍的軍官朝著我過來。「手機拿出來！」他怒吼。我嚇了一跳，
海關建築離這裡還有一段距離。他刪除了在這附近拍攝的照片後，命令
我把相機也拿出來。「我們只用手機拍攝。」York 機靈地說。軍官怒瞪
了一眼，跨步離去。「這些前蘇聯國家的軍警有夠兇，什麼也沒拍到，
何必這麼敏感。」我返回車上抱怨，隨即把垃圾桶的檔案還原。

出人意料的遠行

寒風中摻雜著雪花，我用外套將自己裹得緊緊，瑟縮著身子在原地踏步。
「聽說烏茲別克擁有地球上百分之一的天然氣儲量，難怪天然氣比汽油
便宜多了。」York 看著價目表。「實在不懂為什麼在烏茲別克凡是使用
天然氣的車子，在加油時，乘客都必須下車等待。難道會爆炸嗎？」我
冷得直打哆嗦，感覺自己到了西伯利亞。「這我也不清楚，可能跟上飛
機一定要關手機一樣是老舊的規定吧……」他不確定地答。

◀ 在雪地中等待汽車加滿天然氣。

絲路一帶

同車的乘客都住在塔吉克邊境，平日他們只要坐四小時的車就能到首都。現在不只需要跨國，還繞了雙倍距離。上路前他們聚集在司機旁，雙手遮蓋住臉，喃喃祈求阿拉保佑。接下來幾個小時風雪交加，濃霧使前方路線變得混沌，看著司機在曲折的公路上超車，不禁捏了把冷汗。九個小時後，終於在漆黑中抵達了邊境。「這錢實在不好賺。」我們不得慨嘆。

拖著疲倦的身軀，四個人一齊過海關。在這裡似乎只要一起搭車，就變成了伙伴。接下來搭計程車到首都的觀光客價是每人五鎂。其中一位大叔代替全車砍價，談話卻越來越激烈，從語詞中可猜測他不滿我們被當肥羊宰。「好，但一定要保密。」司機最後以兩塊五鎂妥協。

「還有十三公里的距離才到市中心。」一個小時過後，York 看著地圖。車子在市區外圍放我們下車，周遭空無一人。「等等。」大叔用手指著電話，用動作表示他朋友會來載他，並會順勢帶我們到青年旅舍。

抵達時我已經疲倦不堪，手錶顯示著夜間十一點。「那條山路下午一點就開了啊！」櫃台小弟看著官網訊息。「關掉的路段也才五公里長，你們應該在彭吉肯特住一晚，明天再來。」花了那麼多時間與金錢，原來只要晚點出發就好了。「千金難買早知道。」York 安慰我說。所幸隔天山路再次關閉，代表我們做了正確的選擇，實踐了「山不轉，路轉；路不轉，人轉。」這句話。

意外的傳教士

杜尚貝是座三面環山的城市。百年前只是座小村落，直到蘇聯攻佔後才被設為塔吉克共和國的首都，並改名為史達林納巴德（Stalinabad），意為「史達林的城市」，在一九六一年才恢復原名。市中心規劃整潔，兩側的行道樹點綴於低矮的建築之中。「很難想像直到一九九七年塔吉克的內戰才結束。」我看到穿著時尚的女大生們在街上談笑風生後說。

「請問你們在找什麼嗎？」一對男女停下來，男生用中文問。「我們正在使用離線地圖找提款機，但到了指定地點店面卻是空的。」「啊！這家銀行早已破產了，當時許多民眾的血汗錢都拿不回來！」他說。

這使我想起前些日子才讀完《華爾街日報》特派記者——菲利浦·席斯金的著作《不安的山谷》。內容講述中亞小國在面臨獨裁政權貪汙、低迷經濟、種族衝突的混亂局面。而塔吉克在一九九一年獨立後，隔年反派勢力就使用武力占領了總統府與電視台。長達五年的戰爭使一百多萬人淪為難民，內戰的破壞使至今塔吉克的經濟尚未恢復，沒想到連銀行也淪陷。

「我帶你們去吧！」男子熱心指路。從談話中得知他們是耶和華見證人的傳教士，當下不禁暗自神傷，要拒絕傳教有時候會很尷尬。根據統計，塔吉克百分之九十八的人是穆斯林，想必少數群體的他們宣教會更辛苦。

所幸他們並未強迫我們聽教義理念，純粹為了幫助外來客。「我們又以先前的經驗及社會標籤來判斷人了。」事後我說。這趟旅程中我們不斷受人無私的協助，何時才會放下心防，相信人類的善良呢？也許《三字經》裡的「人之初，性本善。性相近，習相遠」是對的，又或者人類本能是自私的，善意是教出來的，例如小孩如果沒有大人的教誨，是不會把玩具主動讓給他人。無論如何，這又是個哲學議題。

▲千辛萬苦終於抵達杜尚貝，各自分道揚鑣前的合影。

| Winny 會客室 |

──市中心的廣場有尊紀念「塔吉克民族之父」的薩曼帝國奠基者──伊斯瑪儀・索莫尼的鍍金人像，錢幣的單位「索莫尼」（Somoni）就從他的名字而來。
──總統府前的國旗是世界第二高的旗杆（一百六十五米）。
──這裡自行車店完善，多數挑戰帕米爾公路的騎士都會在此補給。

▲紀念塔吉克民族之父的市中心廣場。

▶杜尚貝的街景。

挑戰 -50℃ 世界屋脊

帕米爾公路 *Pamier Highway* — 塔吉克 *Tajikistan*
2020.01.17 — 2020.01.20

| Winny 畫重點 |

—— 帕米爾公路是世界海拔第二高的國際公路,最高達四千六百五十五米,途經阿富汗、烏茲別克、塔吉克以及吉爾吉斯四國。

—— 自古以來是絲路上重要路線,正式名稱為 M41 公路,長一千兩百五十二公里。

—— 塔吉克的戈爾諾—巴達赫尚自治州(簡稱 GBAO),需額外簽證。

—— 騎單車旅者可在夏季花三到五星期橫跨公路。

迂迴曲折狹隘的山路,迎面而來的卡車上標示著簡體字樣,稍不留神即會墜入深谷。帕米爾公路在千禧年正式與新疆連結,路上不少中國貨車運送物資進入塔吉克。

「妳知道這條也被稱為海洛因公路嗎?據說每年高達九十公噸的海洛因會從阿富汗經此公路運送歐洲。」York 指著窗外。「妳看!對面就是阿富汗。」這天我們沿著分割塔吉克與阿富汗的噴赤河行駛。也許長期受到西方媒體的影響,阿富汗對我來說是個戰亂之地,沒想到對岸的村莊卻如此和諧。

「早就沒在打仗了,但還是有活躍的恐怖分子,例如塔利班。」York 想了想。「不過瓦罕走廊(Wakhan Valley)是阿富汗最安全的地區,隔開塔吉克及巴基斯坦兩國。南北寬約三至五公里,最窄處才不到一公里。你可以從戈爾諾—巴達赫尚自治州的首府——霍羅格(Khorog)拿旅遊

簽進入阿富汗，只可惜我們這趟天數不夠，不然想多收集一個入境章。」
他嘆口氣。

總統的夏宮

司機埃爾安靜地開車，他是位沉默寡言的中年男子。平日住在離首都
約兩天車程的霍羅格。自治州在一九九二年曾嘗試宣布獨立，卻以失
敗收場。「你老婆一定很期待你回家。」我從後座說。「早就沒老婆
了，塔吉克是少數可以離婚的穆斯林國家。」他答。我當下無言以對，
乾笑幾聲。

人口不到三萬的霍羅格像是座小鎮，很難想像這裡有許多國際學生在
中亞三國合辦的大學分校讀書。「難怪杜尚貝的青旅內有許多同學趁
著寒假跑去首都度假。這裡看起來有點無聊。」車子經過市區時，我
環看四周。

埃爾先載我們前往當時蘇聯科學家為了研究各類植物在高山的存活率而
建、目前世界第二高的植物園。一到門口就被兩名持步槍的員警盤問。
「你們為什麼要來這？從哪裡來？護照拿出來！」「聽說這裡是植物
園……」我囁嗒回答。「是沒錯！後面也是總統的夏宮。」我撇過頭去，
一棟戒備森嚴的豪宅映入眼簾。「反正你們不能朝那個方向拍照。」他
警告。

我們被護送至植物園的一角，從那邊可將霍羅格的旖旎風光盡收眼底。
「妳要拍趕快拍，他們的槍持續往這個方向指，實在令人很不舒服。」
York 催促。回到車上，我向埃爾抱怨為何不事先跟說明有可能會遇到的
狀況。「總統每兩年才來一次，反正只是被盤查，又沒事。」他一副無
足輕重的樣子，無法理解我為何大驚小怪，畢竟在這些國家警察配槍是
再正常不過的事。

▲霍羅格植物園的遼闊景色。

阿富汗人市集

濃霧瀰漫著市集，攤販們不急不徐地在檯面上擺放貨品，攝氏負二十度
的冷空氣讓人提不起勁。每週六緊連鄰國的橋會開放，讓阿富汗小販
進來塔吉克交易。「聽說塔利班最近又開始行動，導致這裡情勢緊張，

妳沒看到那麼多持槍的軍官。據說事態嚴重時，市集甚至會被取消。」
York 悄聲跟我說。

我拿著相機在攤販附近徘徊。觀察到阿富汗男子都身穿過膝上衣、頭裰
長巾，與電影《追風箏的孩子》人物服裝如出一轍。塔吉克人則穿著蘇
聯式大衣，兩者打扮判然不同。偶爾全身迷彩服、持槍的士兵會檢查相
機，提醒我不可以亂拍攝。

大部分交易的是生活用品，許多東西都是中國製造。唯一讓我覺得有趣
的是阿富汗婦女們所賣的化妝品，外形像是筆狀的鐵塊，但含大量的鉛。
據說從西元前三千多年開始，埃及貴族就使用它們來畫眼線並流傳到全
世界。就連現今的印度，許多母親仍相信畫在嬰兒眼旁可驅邪，卻因而
導致鉛中毒。

▼綁頭巾的阿富汗男性。　　▼市集裡的士兵。

塔吉克最冷的小鎮

放眼望過去一間間白色的矮屋子，車子駛入前院，魯茲夫婦推出門來迎接。稍早前我們剛走訪前蘇聯最寒冷的居住地 —— 布倫庫爾（Bulunkul），最低氣溫紀錄是零下六十三度。村旁的湖在夏季時會反射出周圍的冰山，如鏡面銀輝熠熠。冬季則是結冰後被大雪掩埋，令人無法區分雪地與湖的界線。

今晚居住的阿爾楚爾（Alichur）海拔將近四千米，只比玉山矮十公尺，地名意為「先知阿里的詛咒」。嚴酷的寒冬，卻有一千七百多村民選擇居住於此。「大部分的居民都是靠畜牧或是夏季的觀光業維生。」魯茲在把我們行李拿進房間後說。

雙人床前面設置著壁爐，擺設溫馨，魯茲從鐵罐裡夾出加了煤炭與乾草的牛糞當燃料。「由於牛糞數量有限，炭又不便宜，當地人在冬天都全家睡同一個房間取暖。這也是為什麼冬季民宿不好找，餐廳也沒開，因為沒有額外的資源可供給旅客。」他是村落的老師，有條不紊地解釋。

他與家人都持有淡色頭髮、水藍的眼珠在眼眶裡打轉，與一般中亞臉孔相差甚遠。帕米爾人屬於波斯系民族，信仰的穆斯林教派是和伊朗相同的什葉派，與大多數的塔吉克人分歧。「塔吉克內戰時，帕米爾人因大力支持反對派而成為政府屠殺的目標。剛開始還不太理解，但現在看到

他們人種確實是不同種族，難怪會想宣布獨立。」睡前我們在床上討論。

那晚，房間維持在舒適的室溫，但睡到半夜我倆都心跳加速，推測應該是高山症。隔日趕緊吞下半粒丹木斯，以免症狀惡化。魯茲在早餐前帶我們到村裡繞繞。「你們看！日出時，室外溫度計是記錄著攝氏負四十九度左右，中午太陽出來應該會加個十度。」他口吐白氣。

在如此低溫下，水管早已結凍。他老婆甚至特地把地下水燒開，讓我們在飯前能夠有乾淨的水洗手。他們雖資源缺乏，卻還能在惡劣的環境生存，帕米爾人的執著與韌性令人欽佩，住在都市的我們更應該珍惜那些看似理所當然的便利性。

尋找馬可波羅羊

「雪厚到車輪無法前進，我們必須下車用走的。」索邦搖搖頭。他手拿大型望遠鏡，低頭研究蹄印的方向。阿爾楚爾由三座海拔超過四千一百米的群山環抱著，是馬可波羅羊的棲息地。牠們分布於帕米爾高原地區，被中國列為國家二級重點保護物種。

「真的是根據馬可波羅命名嗎？」我問索邦。他住在隔壁村，野生直覺敏銳，魯茲請他當我們的嚮導。「是啊！馬可波羅十三世紀來中亞時，記錄到這些盤羊的角比任何羊種都長，平均有一百四十公分。目前最長

紀錄是一百九十公分長，重達二十七公斤。」他雙手攤開舉例但似乎還不夠長度。

索邦小心翼翼往山頂方向前進。「噓……小聲點，牠們很敏感。看到了嗎？在那邊！」我瞇起雙眼，只能剛剛好看見遠方的小黑點。「來，望遠鏡給妳。山頂因為冬天積雪，所以牠們會到海拔較低的地方吃草。獵殺牠們的許可證一張四萬美金。但如妳所見，需要很大的耐心。」

雖然我肉眼幾乎看不見，但每走幾步，羊群就會集體掉頭盯著我們的方向。不一會兒，牠們就轉身回山。「你們有看到嗎？」回到村落後，魯茲跑來問。「有，但遠到像螞蟻。」我苦笑。獵遊野生動物如同人生，一切沒有絕對，卻因那不確定性，而增加了樂趣，就像電影《阿甘正傳》的經典台詞：「生命就像一盒巧克力。你永遠也不會知道你將拿到什麼。」

▼用望遠鏡所見到的馬可波羅羊。

鳩佔鵲巢

距離中國八十公里的穆爾加布（Murghab）曾是蘇聯邊防軍基地。晴天時能眺望處於新疆青藏高原的第二高峰——慕士塔格山。這裡房子密度較高，市集店面由貨櫃改造而成，廢棄物重新利用是當地的特色。城外有座綠色清真寺，在雪中特別顯眼。

艾芙是司機的遠親，她與年少的兒子相依為命。在找不到民宿的情況下，她讓我們寄宿一晚。房子陳設基本，廁所須從大門出去再繞到後院。茅坑本身沒有屋頂，只有用手一碰上就會吸住的鐵門及四片土牆環繞著，地面蓋了一層雪。「如果下暴風雪的時後怎麼辦？」每回我蹲著小解時都有同樣的疑問。

▼鋪在地上的棉被與牆上的爐灶。　　　　　　　　　　▼露天的茅坑，地上都是雪。

好不容易熬到晚飯時間，一進廚房看見滿桌佳餚。主菜是中亞常見的蒸餃「曼提」以及各種醃菜。原以為大夥兒會一同用餐，沒想到他們卻像餐廳侍者一樣把食物送上桌後就離開，直到我們回房才進去。「該不會是吃我們剩下的吧？我以為把菜吃完是對主人的尊重！」我不禁懊惱著，怕他們不夠吃。

廚房與在地毯上鋪好棉被的房間由共用牆上的爐灶連結著，用煮完飯後的餘溫同時溫暖兩邊空間。「這樣的設計很聰明。」我心想，便帶著濃厚的睡意進入夢鄉。「咳咳！」牆的隔壁半夜突然從傳來輕咳聲，這才驚覺原來他們母子正一同睡在廚房狹窄的地板上。

雖然司機一定有從我們費用中補貼艾芙，但帕米爾人生性好客，就算年收入平均不到兩百美金，還是會堅持邀陌生旅客回家過夜。旅遊書上說如果真的受邀，禮貌上還是在信封內放一晚十鎂、每餐五鎂的金額補助主人。對伊斯蘭教的人來說，客人能帶來好運及財富。希望我們短暫造訪，能幫單親的艾芙帶來點財務幫助。

歡迎來到吉爾吉斯

踩在結凍的湖水上，我像剛出生的麋鹿，雙膝緊併，不敢跨步前進。連續幾天的壯闊雪景，充分體驗了帕米爾高原的磅礡氣勢。最後一天，我們先通過帕米爾公路最高點的白馬山口（Ak-Baital Pass），再經塔吉克

最大的湖泊——喀拉庫勒湖（Karakul）。

當地政府原本想要跟南美洲的的的喀喀湖爭「世界海拔最高且大船可通航的高山湖泊」頭銜，卻被評審批判它每年有一半時間處於封凍狀態，不算真正可通航。此湖在夏季會依照不同水深而更換色澤，只生活在海拔三千米以上的犛牛在旁嚼草，整個景色像幅山水畫。

隨著車子開進吉爾吉斯國境，白茫茫的世界開始出現色彩。「好久沒見到植物了！」我趴在窗口，享受周遭顏色急速的變化，距離今晚的目的地——奧什（Osh）不遠了。

回想這幾天經歷的帕米爾公路，蒼茫的大地彷彿讓時間凍結。雖然平均攝氏負三十度的嚴寒低溫使大多旅者迴避冬季，但親眼見證人與大自然的共存，是這趟旅程最大的收穫。再次驗證沒有所謂最適合的旅遊季節，一切取決於你能不能從中找到美好。

▲布倫庫爾鎮上的孩子。

▲阿爾楚爾村民家的幼子。

▼阿爾楚爾鎮外的綠色清真寺。

| Winny 行程建議 |

1. 杜尚貝→庫洛布（Kulob）→達卡萊昆布（Kalai-Khumb）
2. 達卡萊昆布→霍羅格

夏季接續路線

  3. 霍羅格→瓦罕走廊（Wakhan Corridor）→蘭加爾（Langar）

  4. 蘭加爾→穆爾加布

冬季接續路線

  3. 霍羅格→布倫庫爾→阿爾楚爾

  4. 阿爾楚爾→穆爾加布

  5. 穆爾加布→喀拉庫勒湖→奧什

| Winny 會客室 |

──從杜尚貝至奧什的路程，最短三天內可開完。觀光客最短的行程為五天，但可延長至七到十天。

──公路路況不佳，車子一定要租四輪傳動。

──離開霍羅格後就沒提款金，現金要帶足夠，當地人偏好使用當地貨幣。

中亞最古老的絲綢工廠

馬爾吉蘭 *Margilan* ——烏茲別克 *Uzbekistan*

2020.01.22 —— 2020.01.23

| **Winny 畫重點** |

——費爾干納盆地（Fergana Valley）處於天山與帕米爾高原之間。此處農業發達，人口占全中亞四分之一。

——蘇聯執政時被分割成烏茲別克、塔吉克、吉爾吉斯三國。各國獨立後衝突不斷，千年貿易路線受阻，曾發生多次暴亂及血腥鎮壓事件。

——當地出產紡織品、陶器與農作物為名。馬爾吉蘭擁有絲路上最古老的手工絲綢工廠之一，質量在中亞首屈一指。

「當蠶結繭成蠶蛹後，我們會將蠶繭放入沸水煮，一顆大約可抽取三百至九百米的蠶絲。」老頭從竹籃裡抓起一把乳白色的繭放入我的手掌心。「製作一公斤的蠶絲需三千多隻蠶寶寶，牠們會吃掉一百多公斤的桑葉。」他繼續說明。

突然兩名面容清秀的男子奪門而入。老頭臉色瞬間刷白，支支吾吾說不出話。「我叫賈舍，是工廠的正規英文導遊。」戴著鴨舌帽的青年看我們表情困惑，趕緊自我介紹，另一人把老頭帶出去。

在吉爾吉斯第二大城——奧什待了幾天，我們回到烏茲別克，想看看同樣處於費爾干納盆地的城鎮在兩國的制度下有什麼不同發展。馬爾吉蘭這座小鎮以保有百年紡織技術的 Yodgorlik 工廠聞名，一早跨國界後就直奔至此。

「那老頭是位看守人員，時常趁我們午休時充當導遊，導覽其實是免費。」賈舍解釋。這使我想起橫掃各大獎項的電影《貧民百萬富翁》，裡頭的印度男孩帶著歐美觀光客亂說歷史的片段。所幸老頭只講了十分鐘就被趕走，沒給我們太多錯誤資訊。

技藝精湛的紡織

廠房內的紡織車軋軋作響，數十位婦女雙手靈活地操作機器，五顏六色的蠶絲經她們的巧手變成一幅亮麗的作品。「我們只使用天然的染色劑，例如石榴可提取出棕色、核桃殼能得到鐵鏽色。」賈舍說。

「旺季時，工廠會擁有高達一百五十位的紡織娘跟著老師傅的設計圖，織出複雜的花紋。一卷手工絲綢可能要上月才能完成。我們也會把棉線與蠶絲混合，製作出一種叫 Adras 的布料。如果你們有機會在秋天回來烏茲別克，一定會愛上白茫茫一片的棉花田。」他拿出手上的檔案夾，翻出照片給我們看。

我從沒觸碰過高級絲綢，那細柔的手感、貴氣的光澤與折射，令人不難理解為何這一度是帝王專屬的奢侈品。中國曾經嘗試壟斷絲綢織品技術，禁止商業機密外流，幾千年來對外國人來說一直是個謎團，甚至猜測是某種東方葉子編織而成！可惜沒有不透風的牆，最後還是由東羅馬帝國的傳道士在西元五百年多左右，把蠶種從中國偷渡回歐洲。

◀老頭手中拿著煮過的蠶繭。

紡織廠的中庭有顆百餘年的大桑樹，當地的家庭不
知有多少代都靠這手藝維生。經賈舍的詳細介紹後，
我對紡織業有更深入的了解。絲綢製品的影響力象
徵著東亞強盛的文明，也難怪逾七千公里的貿易網
絡被冠上「絲綢之路」之稱。

從無到有，每步驟都如此精湛。很慶幸這間紡織廠並沒有像附近其他的
工廠一樣採用現代機器，放棄每年巨額的產量，選擇保持傳統手藝。在
這裡，最資深的領班被稱為師傅，希望未來更多年輕人願意投入這產業，
延續這技藝超卓的工藝。

最好吃的抓飯

「這抓飯（Plov）也太好吃了吧！我還要！」York
狼吞虎嚥地用湯匙把粒粒分明的飯放入口中，手舉
起來向小弟指示還要加點一碗。餐館裡座無虛席，
每個人都吃得津津有味，好不熱鬧。

抓飯是中亞標誌性的食物。當不知道點什麼，選抓
飯就對了。「據說費爾干納盆地是烏茲別克抓飯的
源地，果然名不虛傳！」York 意猶未盡地舔了飯碗。

▶費爾干納盆地的抓飯特別好吃。

身為烏茲別克文化一部分的抓飯，從出生、結婚到葬禮，所有人生大事與節慶都會有這道料理的存在，在當地更被視為壯陽聖品。每座城市都須有自己的獨門配方，例如費爾干納盆地就培育出能在吸收油脂與水後還能蓬鬆的稻米。原本是用手直接從共用的大瓷盤內抓來吃，但現在餐廳內大部分都有提供餐具。

餐館外擺放著兩大鍋子，穿著白色圍兜的男子拿著鍋鏟大顯身手，像極了在煮西班牙海鮮燉飯（Paella），只是食材不同。煮抓飯的第一步驟就是須把帶有脂肪的肉塊下去炒，鍋內加洋蔥、蒜、蘿蔔，悶熟後再開鍋翻炒，直到米飯被肉汁浸到金黃油亮為止。

「當地人好像都是中午吃抓飯，看來晚上還在賣抓飯的餐廳都是給觀光客的。不過為什麼廚師都是男人啊？」我很好奇，上次在別的城市吃也是男性掌廚。「聽說他們認為男人做的抓飯比女人做的好吃。」York 緊盯著剛端上桌的熱騰騰菜餚。我忍不住從他盤裡偷吃了幾口，想記下這美味。中亞料理跟別地區比起來不算豐富，但配方比例對了，吃幾代也不嫌膩！

▲煮抓飯的小哥與他的大鍋。

歡樂的市集

每週四與週日是馬爾吉蘭最熱鬧的日子。多台小巴士停在馬路兩側，街上人群比肩繼踵地進入每星期開幕兩天的昆泰帕集市（Kum Tepa Bazaar）。「願和平與你同在（Assalamu alaikum）。」穿著傳統長袍、頭戴毛帽的男子相繼和對方問好。婦女們打扮得花枝招展，在攤前仔細檢視絲綢，準備買回去做新衣裳。

昆泰帕集市如同波斯其他地區的巴札，販賣類似商品的攤販都集中在一塊。賣馬鈴薯的區域就全部賣馬鈴薯，賣鞋子的區域就全部賣鞋子。正當我目不暇給看著琳瑯滿目的商品時，一位老婦突然轉頭。「喔？你是觀光客嗎？」她驚奇地打量著我。她的停頓吸引了旁人的目光，幾位婦人及老者開始圍繞著我們打轉。「拍照！拍照！」她指著我的相機。

在這市集，無論男女老少，只要對上眼人們都給予微笑作為回應。看我對蘇聯軍方的防寒帽有興趣，賣帽子的大叔直接戴在我頭上。「這在中國不是叫雷鋒帽嗎？這皮毛戴起來一定很保暖！」York 笑著說。

另一位太太則從隔壁攤拿了傳統針織花帽，順勢幫我換了個造型。只是我頭太大，帽子一直滑落。周圍的人捧腹大笑，我自己也呵呵笑了起來。此時所有代溝都消失了，微笑果然是地球村的共同語言。

中亞的韓國人

「咦？這是泡菜？」幾位五官像是亞洲人的女生，站在如小山高的醃製蔬菜前。「這好像是叫 Morkovcha 的辣味紅蘿蔔沙拉，是韓式泡菜的一種。」我隱約在旅遊書中讀過。

「十九世紀末，被稱為高麗人的韓國人因鬧飢荒而逃到俄羅斯帝國。在一九三七年，數萬名被獨裁者史達林從西伯利亞迫移至中亞。他們無法取得傳統泡菜中所需的白菜，只好改用紅蘿蔔。現在許多前蘇聯國家都保有這些高麗族菜色。」因為我的好友來自韓國，這段歷史我記得很清楚。

「你這麼說我就想起來了！在蘇聯解體前約有五十多萬高麗人在蘇聯定居。難怪當我在查詢哈薩克時，照片中許多店面都有韓文字樣。」York 回想著。許多南韓人都不知道在中亞的中心，會住著他們的族人。記得我跟我朋友講時，她一臉驚訝。

這些原本是漁民或種植水稻的農民，多數在被驅逐後無法適應乾燥氣候的新環境而不幸身亡。在經歷數年的苦難，終於在此安定下來。後代雖然不一定記得祖先的語言，但還是對自己的文化感到自豪。這些都可以從被保留的飲食、姓氏中查證。

中國文學家趙鑫珊曾在《哲學與當代世界》寫道：「歷史是一面鏡子，

它照亮現實，也照亮未來。」新一代的高麗人，正努力用文字及舊照片
紀錄這段慘痛的歷史見證，與全世界分享，讓曾祖父母的故事不要被遺
忘在過去中。

◀蘇聯款式的黑色暖帽。

◀在市集販賣布料的老奶奶們。

◀不同樣式的韓國泡菜。

◀見到觀光客很開心的售米大叔。

｜ Winny 會客室 ｜

——從首都塔什干每日有火車連接費爾干納盆地的主要城市——浩罕（Kokand）、馬爾吉蘭、費爾干納、安集延（Andijan）。

——浩罕市是十八至十九世紀浩罕汗國王城的所在地，目前被改為歷史博物館。

——安集延是爾干納盆地最大的城市。在二〇〇五年發生政府對抗議民眾開火掃射的事件。

——八百多年來，小鎮里什頓（Rishton）一直是烏茲別克的陶藝中心，至今還保留傳統製作方式。

天山驚魂記

松克爾湖 *Son-Kul Lake*——吉爾吉斯 *Kyrgyzstan*

2020.01.26——2020.01.27

| Winny 畫重點 |

——吉爾吉斯被稱為「中亞山國」，平均高度海拔為兩千七百米，相傳是唐代詩人李白的故鄉。

——百分之八十的國土由天山山脈與帕米爾高原佔據，擁有兩千多座高山湖。

——活動以體驗遊牧民族為主，例如騎馬、住蒙古包、健行。

「啊——救命——」我緊抓韁繩，不由自主地大喊，突來的加速讓我驚惶失措。上一秒還在幻想金庸筆下的蒙古草原放馬馳騁的情節，下一刻馬兒似乎看透了我的心思，猛然往一片無際的雪地狂奔，速度快到我的帽子從頭頂褪去。此時只專注緊抓韁繩，生怕一不小心就會摔成殘廢！

「喊 Der 是停，Chu 是走！不要喊錯啊！」嚮導阿斯卡的聲音從後面傳來。「妳要拉緊韁繩，這樣才能停！」York 的馬匹看到我的馬兒往前衝，以為互相追逐的時間到了，也緊跟在後。

我從未領會快馬奔騰的感覺，騎馬的體驗僅於馬伕牽著漫步而已。短短的三分鐘，感覺有一輩子那麼長。「郭靖與黃蓉一同騎馬都這麼驚險嗎？原來脫韁野馬這句成語是這個意思啊？」有時生死一瞬間，頭腦總是會出現些奇怪的想法。

「拉緊！」York 的吼聲再次把我拉回現實，趕緊使用吃奶的力氣，努力把馬繩勒緊。「拜託，請停下來，我不想弄痛你。」我在心中禱告著。也許馬兒終於感應到我的心聲。牠慢慢減速，最後停在雪中。阿斯卡與York 兩人喘呼呼地趕到我身邊。「這些都是受過訓練的馬，可能冬季太久沒跑了，變得太興奮。沒關係，再沒多久妳就會上手了。」阿斯卡安慰著我。

搶婚習俗

松克爾湖是吉爾吉斯最大的淡水湖，位於東部的天山山區。夏季時湖水藍得純淨澄澈，遠處白雪覆蓋的高山，蒙古包點綴著翠綠色草原。冬天平均低溫約攝氏負二十度，湖面會結厚達一米的冰，一年有將近兩百天的時間瑞雪紛飛。附近游牧人家只在六月至十月中旬接待觀光客，之後就會搬回附近的村莊過冬。

「吉爾吉斯族分步於本國與新疆西部。遊牧民族的孩子大多是在馬背上長大的。」阿斯卡一邊調整馬的步伐，三不五時與我們搭話。「由於松克爾湖無法靠大眾交通抵達，只能請包車或是用健行、騎腳踏車或騎馬的方式，旺季時遊客多到馬都不夠騎！不過這個地方對我來講有獨特的回憶，因為是在這裡遇見我的老婆。」他露出笑意。

「聽說吉爾吉斯有三成的男人都用搶婚的方式取到老婆，你也是嗎？」

York 問。「我老婆剛好也帶觀光客去湖邊，就這樣碰到了。其實搶婚是非法的，但許多人還是會在女孩子落單時，把她們施暴綁架。只要拉進家門，就會被視為失貞，這樣幾乎不用聘禮就可把女生娶回家。我媽就是個例子，只是我爸有先詢問外公的意見，儘管我媽完全不認得他，但幸好他們的婚姻美滿。」阿斯卡說。

事後我們才知道，搶婚在吉爾吉斯就像印度的強姦案，任何地方，任何時候都會發生。就曾有女學生大白天在大學宿舍外被劫走，幸好家人及時發現，揚言要報警才沒發生悲劇。雖然政府在二〇一三年立法使搶婚最高可處十年徒刑，但法律落實到民間談何容易。如今越來越多現代女性站出來呼籲廢除這項陋俗，希望不久的將來，女人能安全獨自外出，不再被傳統束縛。

有個性的馬兒

黑影一晃，阿斯卡的馬在我面前跪了下來，長嘶一聲。我的馬緊接在後，跟蹌了一下。夾在兩側幽谷中間的河流已結冰，馬兒每踩一步都會輕拍試探著，確保這腳下去不會滑倒。可惜無論多小心都有失誤的可能，馬蹄終究不適合在冰上走。阿斯卡趕緊跳下馬，仔細檢查確保牠沒有受傷。

「走不適合馬的地形，算不算虐待啊？」我被突發狀況嚇了一跳。「馬一天不能走超過十小時，不然膝蓋會開始無法負荷，我們也盡量踩有雪

的地方，較有抓力。咦？」阿斯卡轉頭發現 York 與他的馬杵在河中不動。

原來 York 的馬從遠方目睹一切，便不敢繼續向前。「不然我牽你好了，順便示範過河一點也不危險。」York 跳下馬，沒想到下一秒一個踉蹌就跌得四腳朝天。「唉唷！」他摸摸自己的腰，站起來再試一次，卻又滑了一跤。

馬兒用牠圓鼓鼓的眼睛瞪著，似乎在說：「你要走自己走！」雙方僵持了許久，最後由阿斯卡來解圍。他熟悉馬的個性，低聲細語、最終說服了頑固的牠，成功歸隊。

▼馬正在結冰的河上小心踏步。

無緣的松克爾湖

天山山脈層巒疊嶂，氣候變化多端，晴空萬里瞬間被烏雲代替。雪虐風饕，外露的皮膚被風吹得隱隱刺痛。阿斯卡戴起只露出雙眼的黑色保暖面罩，雖然看起來像搶劫犯，但能保護臉不會凍傷。

馬兒緩步上山，爬往海拔三千四米高的展望點，從那裡可眺望被雪上鋪一層的松克爾湖。「最後的山腰需用走的。」阿斯卡扶我下馬，這段陡坡可能未經陽光折射，雪踩下去深至小腿。氣溫明明沒有帕米爾高原冷，但體感溫度卻比負四十度寒冽。

一跨越山頭，強風差點把我吹倒。前方濃霧籠罩，完全看不到松克爾湖。「趕快走啦！我手都沒知覺了！」York 在脫掉他手套幫我拍照後，不斷催促。好不容易來到那麼遠，我依依不捨。「至少騎馬很刺激啊？你說是不是？」確定雪的硬度適合馬蹄後，阿斯卡再度我攙上馬。「還要騎一個小時才會抵達今晚的住宿。」於是我們一群人低著頭在黃昏朝著山谷前進，期待得來不易的歇息。

牧羊人的小屋

「晚餐也太豐盛了吧！湖不是結冰了，怎麼還會有魚？」牧羊人端出饢、一碗熱騰騰的番茄羊肉湯、一條剛煎好的鱒魚。「可以在湖面上鑽個大

洞，再撒網下去就可以抓魚了。」牧羊人笑吟吟地拿出手機，照片中有好多由鱒魚，由阿斯卡在一旁翻譯。

牧羊人冬季獨自住在一棟簡陋的白泥牆鐵皮屋內，廚房與茅坑都在戶外，為地主看管畜牧。有觀光客時，他須獨自準備伙食、打理客人的馬匹、扛起房務清潔工作。這裡離最近的城鎮需四十分鐘車程，一個月才能返家一次。「多麼艱鉅的工作啊！他一定很慶幸冬季有訪客。」我不禁替他感到寂寞。「每項工作都有辛苦之處。」牧羊人啜著熱茶，似乎看開了一切。

外頭風聲如濤，呼呼嗚嗚地不停狂吹。如果是我一定絕對不敢一個人住這裡。隔天早晨，完整六角形雪花不停從空中飄落在外套上，我從未見過如此夢幻的景色。牧羊人從馬廄中牽出馬，目送我們離去，重新他僻靜的一天。

連續兩天共花了八小時騎三十四公里的馬，已讓我們倆的屁股與大腿疼痛到像是被坦克車輾過。馬兒只要稍微動作大一點，就劇痛難忍。雖然這趟沒親眼目睹松克爾湖的風采，但銀白色的世界、在馬背上縱橫奔馳，也算是圓了我兒時的金庸小說夢。

▲雪太深，需下馬用走的。

| Winny 會客室 |

——位於吉爾吉斯東北部的伊塞克湖（Issyk-Kul）是世界上最深、海拔第二高的高山湖泊。湖水全年不結冰，清澈澄碧。在唐朝被稱為「熱海」，有「中亞明珠」之稱。冬季時來此湖旅遊比較妥當，不只可以騎馬，還可以在湖畔體驗遵循古老訓鷹傳統的獵鷹人與金鵰。

——「馬背叼羊」（Buzkashi）是中亞的傳統運動。選手把羊頭當作球，邊騎馬邊搶奪羊頭，直到放到對手球門才得分，精采程度可想而知。建議詢問當地旅行社那裡有練習賽或是比賽可以參觀。

兩天騎了三十四公里，破個人紀錄。

▲牧羊人獨自居住的小屋。

▼晚餐與牧羊人共享一室，飯後變成我們睡覺的空間。

137

人在比什凱克，當疫情來臨時

比什凱克 *Bishkek*──吉爾吉斯 *Kyrgyzstan*
2020.01.27──2020.01.30

| Winny 畫重點 |

──天山山腳下的首都，該名在吉爾吉斯語為「攪拌馬奶的棒子」之意，曾是絲路上貫通中亞草原和西城的重要的驛站。
──吉爾吉斯擁有世界上最大的金礦之一，是該國的主要出產物。

武漢在一月二十三日封城，像骨牌效應一樣陸續關閉周邊城市。「你怎麼看新型冠狀病毒肺炎？」我與 York 倆坐在餐桌前，思考下一步。「原先計畫六天後從哈薩克進入烏魯木齊，之後是農曆新年，我已經把接下來三個禮拜的火車與旅館都訂好了，難道要全部放棄？」拿著手機計算損失。「我們最後一站是西安，離武漢還有八百公里，也許不會影響到？」York 看著地圖。

這趟旅程的計劃本身是延續多年前的土耳其之旅，以陸行方式，一路從伊朗至西安，探索整段絲路。「疫情搞不好實際上沒有那麼糟，媒體有時候會誇大報導。」「可是人口上千萬人的城市說封就封，感覺像是電影情節！」我心亂如麻，只想趕緊做個決定。

最終，我把煩惱分享在網上，順時大量網友回應。「建議放棄行程。萬一入境後的城市無預警封城，屆時無法離開，損失更慘重。」「現在情

況不樂觀，每天都有變化，就算去了不見得玩得開心。」「留得青山在，不怕沒柴燒。」幾百條留言，大多勸阻我們不要持續原先的計畫。

「有爬山的人都知道有時撤退比堅持更值得敬佩。」其中這條留言我最有感。「是啊！多少人為了登頂，而失去性命，唯有活下來的人才有機會再重新挑戰。我何必為了永遠都在的路徑而鋌而走險呢？」我如釋重負，想了一下自己的旅遊原則，不就是安全第一嗎？我們開始分工合作取消接下來的交通與住宿，這次不去，未來一定還有機會。

吉爾吉斯的民族英雄

連續兩天待在民宿裡更改行程，餓了就到超商買些簡單的食材來煮，終於在比什凱克的最後一日踏出公寓大門。「至少回澳洲的機票有著落，令人安心些。」面對許久未見的陽光，心情豁然開朗。沒時間觀光，逛逛這座城市也好。

棋盤式規劃的什凱克市區，夏季人行道綠樹成蔭，街上並排著一九三〇年代蘇聯時期建造的盒子式公寓。我們住在阿拉套廣場（Ala-Too Square）附近，開放的空間原先矗立著列寧的雕像，蘇聯解體後，被吉爾吉斯族的英雄——瑪納斯（Manas）取代。《瑪納斯》是世界第二長的史詩，敘述著英雄首領瑪納斯以及祖孫八代為爭取自由、反抗異族的故事，在二〇〇九年內列入人類非物質文化遺產代表作名錄。

「吉爾吉斯人特愛瑪納斯這個名字，不只機場與當地大學都由瑪納斯命名，不久前還有政治人士提議把首都改名為瑪納斯。」我看著這尊在馬背上威風凜凜的雕像。「說到機場，你知道吉爾吉斯政府曾經允許瑪納斯機場作為美國戰機對伊拉克及阿富汗作戰的空軍基地嗎？直到二〇一四年才交還。」York 說。

「這件事我有聽說過。據說當時中國與俄羅斯一直施壓希望美軍退出，但每年兩億美金的租金，讓吉爾吉斯政府捨不得這項收入。後來陸陸續續引發出了除了二〇〇五年與二〇一〇年的革命，人民認為吉爾吉斯不應該成為任何國家的軍事基地，最後成功讓瑪納斯機場變成民用機場。」

雕像旁的旗桿下，禮兵們面無表情地站在玻璃亭內。廣場旁的巨大方型大理石建築被稱為「白宮」，現為總統官邸，兩次革命抗議活動都從這裡蔓延。曾經在絲綢之路上扮演重要腳色的中亞民族，在十九世紀被俄羅斯帝國征服。二十一世紀美國插手此區，以反恐名義在多國設立了軍事基地。

▶ 阿拉套廣場上的國旗與瑪納斯雕像。

中國在經濟起飛後，看準中亞的市場與天然資源，推廣出一帶一路的藍圖。在大國爭奪下，中亞小國的發展因為獨裁政府的貪污、種族衝突等而陷入困境。看起來雖一片和平，但永遠不知道明天的政局會是什麼樣子。

後來，吉爾吉斯國會在二〇二〇年十月四日選舉後又爆發反政府示威，數千名示威者重演歷史，衝入白宮縱火抗議，選舉結果最後被當局宣判無效。宛如他們的人民英雄瑪納斯一樣，吉爾吉斯人臨危不懼地為民主奮鬥，追求理想、奮勇當先的精神值得我們學習。

| Winny 會客室 |

——阿拉套廣場上的軍隊每天會有換崗儀式，旁邊的是國家歷史博物館。
——市區有許多綠地，主要交通工具是公車與無軌電車。
——吉爾吉斯的抓飯與鄰國不同，偶爾由馬肉代替羊肉。
——比什凱克有小巴士直達哈薩克的阿拉木圖，但前往南邊城市的奧什則須搭共享計程車。

▲當地人在比什凱克等公車。

蘋果的城市

阿拉木圖 *Almaty*——哈薩克
Kazakhstan
2020.01.30——2020.02.02

| **Winny 畫重點** |

——哈薩克是全球最大的內陸國，面積相當於西歐。
——首都曾是阿拉木圖，卻因與鄰國邊境太近，在一九九七年遷至努爾—蘇丹（Nur-Sultan）。
——傳說蘋果來自這裡，所以被稱為「蘋果之都」，至今郊區還存在著野生蘋果樹。

天山麓下的阿拉木圖是座現代化的城市。三面環山，地勢南高北低，當地人以「往上」或「往下」來代表方向。蘇聯時期遺留下來的建築帶有濃厚的歷史感，因位於地震帶沒有太多高樓大廈。地鐵、輕軌電車、巴士規劃完善。街道上的戶外座椅與綠地，富有歐式風情。

我們走進潘菲洛夫公園（Panfilov Park）內，外觀鵝黃色的升天主教堂（Zenkov Cathedral）特別顯眼。紅、藍、金色的洋蔥形圓頂，像極了糖果盒。孩子們不懼寒冷，在廣場前追逐鴿子，玩得不亦樂乎。

「你能想像在二十世紀初，這座連一根釘子都沒使用到的世界第二高木製教堂，是在大地震後少數屹立不倒的建築嗎？」身為建築師後代，York 從小耳濡目染，就算當了藥師後還是對結構有濃厚的興趣。

看著頂端的十字架，閉起雙眼。離開吉爾吉斯前的最後一晚，不慎把手

機摔到地上，看著每幾秒就黑掉的螢幕，我心涼了半截。幸好比什凱克的手機行的老闆寫下他在阿拉木圖朋友的住址，讓我們一抵達新國度就立刻送修手機。幾個小時後修復成功，放下心中一塊大石，真心感謝老天在冥冥之中指引貴人，使我們化險為夷。

馬的料理

嘈雜的環境，潮濕腥臭的味道。攤販上擺放著剛宰殺的豬頭、羊臉、馬肉，鮮豔繽紛的蔬果，哈薩克百姓的日常可從綠色市集（Zelyony Bazaar）中見微知著。遊牧民族的飲食以羊、馬、牛、駱駝為主，烹飪方式以長期保存為目標。

「這位老奶奶有賣馬奶酒（Kumis），要不要嘗？」我拿起在普通超市也有販售的玻璃瓶。在古代，人們將裝滿馬乳的容器綁在馬鞍上，隨著牧民整日騎馬晃動而發酵成酒。「好酸！而且還有碳酸水似的氣泡感。」我們喝了一口，無法繼續下嚥。

「不然試試當地人最愛的零嘴——酸奶球（Kurt）。」我接下來指著一團用瀝乾的酸奶所製成的米色的球體。「如何？」York 付完錢，看著我咬了一口後複雜的表情。「人在嘗試新料理時，通常不會覺得特別好吃，需多吃幾次才能體會其中奧祕，也許跟臭豆腐一樣，習慣了就好。」我皺著眉頭。

我們隨後到附近吃哈薩克的國菜——別什巴爾馬克（Beshbarmak），意譯為「五個手指」，據說是需用手抓才取了這個名稱。「這道突厥族的料理在吉爾吉斯只有婚禮時才吃得到，沒想到在阿拉木圖的餐廳就有了。」我特別期待這道用水煮馬肉加上湯麵的佳餚。

接著順便加點馬肉香腸——卡茲（Kazy）。它製作過程複雜，需在取出馬肋骨後，倒掛五至七小時讓血流乾，加上鹽與胡椒調味。之後用布綑綁兩三小時，方能把肉塞入馬腸。事後在戶外風吹日曬一個多星期才算完成。食用前還需在沸水滾兩個小時才能上桌，無怪薄薄一片價格不菲。

「老實說我覺得味道有點清淡。無論是湯頭或是水煮馬肉的方式，都使這兩道菜淡然無味。以嘗鮮來說不算糟，但在冰島吃的半熟馬肉排比較好吃。」York 失望地說。阿拉木圖餐廳種類多元化，我想接下來的幾餐，應該不會執著於嘗試哈薩克傳統食物了。

▼全木製的升天主教堂。　　　　　　　　　▼薄薄兩片的馬肉香腸。

俄羅斯浴初體驗

我赤裸地站在浴池角落,渾身感到不自在。一排婦女光溜溜地躺在石床上,由身旁的女子上下搓揉。「Hammam(土耳其浴)?」我輕聲問。一位穿著短袖、短褲的女孩揮揮手,帶我到躺在剛空出來的床位上,她直接拿一桶熱水澆在身上,開始幫我洗刷。「全身的汗垢被搓掉,實在很痛快。」我閉著眼睛享受。

這裡是位於市中心的 Arasan 水療中心,中亞最高級的澡堂。午後突如其來的雪,臨時興起來到這棟八○年代的建築。從櫃檯入口後就男女分開,裡頭有數間咖啡廳、不同種類的浴池與三溫暖、多項按摩服務,甚至還有卡拉 OK。俄國文化中,生意及政治上的談判都在此進行,他們相信身體相坦誠相見是信任的一部分。

「啪!啪!」附近傳來鞭打聲,幾位女性躺在磁磚上拿著用幾片葉子製作的扇子拍打自己大腿及友人的背部。這種扇子叫做「Banya Besom」,是用會散發出精油的植物做成,利用拍擊的動作增加血液循環。「好酷!我只有在紀錄片上看過。」頓時後悔沒跟水療中心外的老爺爺買一支來用。另一個有趣的觀察就是當地人會戴各式各樣的氈毛浴帽進入桑拿間。羊毛的隔熱效果佳,頭部才不會過熱,可以在三溫暖內待比較久。我與 York 各自享受了兩個小時後,臉紅通通地在大廳會合,準備重新面對戶外攝氏零下十度的冷空氣。

恰倫大峽谷

挑戰過上百座高峰的尤里，是第一位與冒險隊滑雪至南極點的哈薩克人。他與同樣深愛大自然的青梅竹馬，創立了專攻戶外活動的旅行公司。平日閒來無事就是挑戰未經開發的健行路線，網站上記錄著數百條他們探索過的祕境。

離開阿拉木圖，地貌判若天淵，兩百公里外的恰倫大峽谷（Charyn Canyon）宛如地表上一條巨大的裂痕，看不到盡頭。總長約九十公里的峽谷雖然比美國大峽谷小，但毫不遜色。站在陡峭的懸崖旁，曝露的岩石奇形怪狀，令人讚嘆大自然的鬼斧神工。

「在雪地中衝向百米深的谷底會不會太刺激？」尤里無視給觀光客走臺階，帶我們到側邊小徑，以非典型方式邁向峽谷底部。我伸出雙手保持穩定，這完全是在考驗膝蓋耐度與平衡感。谷底如同世外桃源，清澈的河流來自天山山脈。一旁的蒙古包及營地則是旺季的旅遊住宿。百轉千迴的曲徑，每處轉角都是驚喜。從底端仰望，大石上堆積著雪，猶如來到不同的星球。

「阿拉木圖的居民實在是太幸運了！距離市區沒多久的車程就有世界級的滑雪場及豐盛的生態。」我忍不住羨慕。「是啊！所以父母一放假就會帶我們到野外玩。」尤里笑著。

曾經聯合國環境方案有一句話：「我們不是繼承了父輩的地球，而是借用了兒孫的地球」。阿拉木圖曾經因人口密度過大，空氣嚴重汙染、環境惡化。政府在把首都遷移後，努力重新綠化都市。如今全球暖化已是不爭的科學事實，如果我們從小培養孩子對大自然的好奇心，自然會提高環境保護意識，是否會讓地球前景更加樂觀？

▼谷底的景色截然不同。

▼恰倫大峽谷與美國大峽谷頗有相似之處。

絲路一帶

ALONG THE SILK ROAD

◀ 前往瓊布拉克滑雪場的纜車。

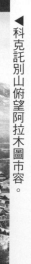

◀ 科克託別山俯望阿拉木圖市容。

| Winny 會客室 |

——從 www.2gis.ru 下載俄國 APP，可離線規劃所有交通路線及時間表。

——儲值卡 Onay Card 可讓公車票打折，到處都有儲值機。

——搭公車只要四十五分鐘，就可以來到世界上海拔最高的奧林匹克大小的溜冰場——麥迪奧（Medeo）。建於一九七二年，目前締造過一百八十項世界紀錄。附近可以健行。

——從麥迪奧溜冰場可搭一小時纜車到海拔三千二百米的瓊布拉克滑雪場（Chimbulak）。雪季是每年十一月至五月，其他月份適合騎越野自行車。

——科克託別山（Kok Tobe）位於市區東南邊，可將整座市容盡收眼底。山頂有座小型動物園、遊樂設施，一座四位披頭四成員的銅像，旺季拍照時須排隊。

——離市區十五公里的大阿拉木圖湖（Big Almaty Lake）附近有許多登山步道，秋天景色最宜人。可惜冬季湖水結冰，上面一片雪白。

亞美尼亞｜格加爾德修道了

Chapter Three 高加索 CAUCASUS

絲路一帶

ALONG THE SILK ROAD

火焰之國

阿普歇倫半島 *Absheron Peninsula*——亞塞拜然 *Azerbaijan*

2020.02.02——2020.02.03

| Winny 畫重點 |

—— 亞塞拜然在地理上屬於西亞，但對外稱為歐洲的國家。

—— 曾是蘇聯歷史上第十個加盟共和國，與亞美尼亞邊境具有爭議，雖已簽屬停火協議，但偶爾衝突會升級。

「我在台灣出生，拿澳洲護照。」「你確定你不是中國人？」海關半信半疑，翻著 York 的護照，似乎懷疑它的真實性。「你不信的話可以打電話到大使館。」眼看時間已接近午夜，前來查詢的主管不想節外生枝，蓋章讓他入境。

新型冠狀病毒爆發後，決定取消前往中國的行程，從哈薩克直飛西亞與東歐交界的高加索地區，來到亞塞拜然的首都——巴庫。計程車駛入市區，即看見三座擁有火焰造型的火焰塔（Flame Towers）。

一百八十二米高的摩天大廈內擁有飯店、公寓及購物等設施。橘紅色火種在一萬多片 LED 螢幕上跳動，兩分鐘後換成士兵揮舞著國旗，在夜間無止盡地循環，像是一場表演給整座城市的燈光秀。

火的國度

亞塞拜然在古波斯語是「火之國」的意思，擁有豐富的天然氣儲量。馬可波羅在十三世紀經過此地時，記錄著巴庫外的阿普歇倫半島會從地表露出神祕的火柱，宛如地獄之火。

「阿塔什加火廟（Baku Ateshgah）到了。」阿利尚的車子停在一座五角形的十七世紀堡壘前。兄弟倆的父親在當地經營著中東烤肉店，最近逼著沒正職的弟弟瑪瑟夫接管家業，於是他跑來大哥的旅行社實習。

瑣羅亞斯德教俗稱為拜火教，也是金庸《倚天屠龍記》裡提到的明教起源。西元前五百多年，由波斯帝國征服高加索時傳入此區。身為世界上最古老的宗教之一，對基督教、伊斯蘭教、猶太教都有深遠的影響。可是當阿拉伯人在西元七世紀消滅波斯王朝後，不少教徒逃至印度。目前全約有十幾萬的信徒集中於印度孟買、巴基斯坦和伊朗南部。

「無論是印度教或拜火教都認為火是重要的元素。因此在絲路上的印度商團看到這裡地表冒著火焰，集資建造了這座驛站及可參拜的阿塔什加火廟。你看牆上的梵文，證明兩派教徒曾和平在此相處。」我們走進神廟內，經久不滅的聖火在中庭的圓頂祭壇燃燒。

「這火焰從十七世紀就從未熄滅，直到蘇聯大量開採天然氣才在

一九六九年中斷，目前是連結市區的天然氣管。」現為博物館的廟宇，用不同語言標示資訊，瑪瑟夫卻在讀完後又重新對我們講解一次。「這孩子實在很認真。」我心想。

在這不遠處，名為 Yanar Dag 的山坡意為「火焰山」。聽起來很壯觀，實際上只是一條十米長的火種在山腳下燃燒。「這樣也可以變成一個景點？簡介上說是在五〇年代，一位牧羊人不慎丟一根菸蒂才點燃。難怪你哥在車上等，只派你進來當地陪。」我開玩笑地跟瑪瑟夫說。

依據地質學者的研究，阿普歇倫半島的地層含豐厚的石油與天然氣，偶爾會從岩石的裂縫溢出。然而地表焚燒會降低地下氣壓並影響氣田的開採，因此大多數已被人熄滅，只為了旅客保存一小部分，畢竟金錢的魅力還是大於宗教與信仰。

▲阿塔什加火廟的聖火。

▶火焰山僅存的火焰。

◀下半身都是火山泥，大哥說必須來張合影。

▶可憐的相機。

掉入泥火山

事發突然，噗通一聲，我下半身已陷入泥火山口。「天啊！」三人不約而同地驚呼，急忙想拉我出來。突然一陣大風，不只吹走我的帽子，還從地面刮起泥漿，濺到大夥兒的衣服上。

全球有一千多座泥火山，其中四百多座在亞塞拜然。我們來到距離巴庫八十公里外的戈布斯坦區（Gobustan），上百座的泥火山宛如來到月球表面。「有這種天然奇景，其他國家早就開始收門票了。」York 說。

絲路一帶

這裡沒有圍欄，我們在圓錐形的泥火山中間自由穿梭。不時爬至泥火山口旁，近距離觀賞泥漿從氣泡頂湧出。「夏季時我會帶觀光客來泡泥火山浴，能夠養顏美容。」阿利尚笑著說。

說時遲，那時快，我一腳踩到地表岩層薄弱之處，半個我瞬間不見！也許激發了求生本能，我手腳亂踢，狼狽地從側邊裂口爬出來。「還好這不是美國的黃石公園，曾經有遊客跌入高溫的溫泉，被強酸融化而屍骨無存！」York 鬆了一口氣。

「現在最大的問題是該如何讓你回到車上……」阿利尚看著我腰部以下的灰色，已與大地上的色澤融為一體。「我還有穿衛生褲！」我把牛仔褲跟鞋子放入塑膠袋，光著腳坐進後座。「才剛買沒多久就這樣……」我心疼地拿濕紙巾擦拭被泥漿噴濺的相機。

阿利尚開到最近的加油站，各自進入廁所沖洗。清潔阿姨拿著拖把進來，看見全身骯髒的我們大驚。邊拖地，一邊不停在身旁大罵。「不好好地待在巴庫，幹嘛跑來泥火山區？」事後瑪瑟夫翻譯。

由於車子都開到這裡了，最後還是到了列為世界遺產的戈布斯坦岩石藝術文化景觀（Gobuston National Park）參觀。空曠草原上的群群巨石上，保留著五千至四萬年前的石器時代塗鴉。可惜少了保暖衣物，實在無心欣賞，只得匆忙地結束行程。

回到旅館，York 覺得洗衣店會拒收，決定手洗所有衣物。「妳掉下去時，我第一個念頭就是：完了！等下該怎麼清她？」他蹲在浴室角落，一邊用力搓揉牛仔褲。「至少讓旅行更有故事性……」我乾笑著。

| Winny 會客室 |

——戈布斯坦岩石藝術文化區富有考古學意義。超過六千件石繪，含動物戰爭、宗教舞蹈、史前人類等圖騰。

——其中一塊岩石上刻著拉丁文，顯示羅馬軍團在十二世紀曾來到裏海。。

——亞塞拜然擁有獨特的氣候、氣田與石油，天然的扁形音樂石 Gaval Dash 是此地僅有。由三個石頭支撐，能擊出鈴鼓的音色。

▲石器時代的石繪。

▼戈布斯坦岩石藝術文化景觀。

遍地黑金的風之城

巴庫 *Baku*——亞塞拜然
Azerbaijan
2020.02.03——2020.02.07

| Winny 畫重點 |

——巴庫是裏海最大的港口，海拔低於海平面二十八米，是世界上海拔最低的都市。

——名字在古波斯語意為被狂風吹襲的城市，冬季常受暴風雪和強風的襲擊。雖已簽屬停火協議，但偶爾衝突會升級。

——曾被《孤獨星球》列為全球最適合狂歡的城市前十名。

阿利尚發動引擎，載我們到市郊的一片空地。下車後，地上泥土中湧出的黑色液體。「你猜這是什麼？」他問。「不會是石油吧？」「答對了！」我們目瞪口呆，早聽說亞塞拜然的石油埋藏深度特別淺，資源豐富，沒想到多到放任它們在地上流。

他接著開到市區外圍的停車場，上面擺放著三架不斷反覆上下的抽油泵，發出轟隆巨響。「一台機器每天可提取約一噸的石油。早在三世紀就有文獻提到阿普歇倫半島的石油，當時不只用來當燃料，還有醫療用途。在一八四六年前都是靠人力挖油井。」阿利尚說。

▼地上黑色的液體都是石油。　　　　　▼郊區遍地的抽油泵。

「你們不覺得老城區外的建築很有巴黎風格嗎？」他接著問。回想第一天探索巴庫市時，確實像是在歐洲。「那是因為十九世紀末至一次大戰間，全世界一半的石油都從巴庫出口。有油田的地主那時都發大財，紛紛把孩子送到歐洲讀書。回國後，他們開始在古城外建造巴洛克、哥德式等建築。那時的巴庫也又稱高加索的巴黎。」

「二戰後，亞塞拜然變成共產國家。蘇聯垮台後，幸運地遇到二十一世紀石油價高漲，市區蓋了更多嶄新的高樓大廈。可惜石油只讓少數原本有地的人變得富裕。」國際特赦組織曾指出亞塞拜然的人權，目前是世界倒數前三十名。如果政府不要那麼貪心，願意減少貧富差距，不知亞塞拜然的經濟來源是否可更多元化？

神祕的少女塔

八百多年歷史的城牆，老城小路崎嶇，這裡是巴庫最古老的地區，多數建築建於十二至十六世紀之間，在二〇〇〇年被列為世界遺產。「以前的旅者必須先洗澡才能進城，這就是為什麼公共浴池設在城門邊。」導遊加尼指著側旁的圓頂建築群說。

「喔？加尼在大學平時很安靜，沒想到講話卻不會怯場。」瑪瑟夫出現在一旁。「你怎麼來了？」我驚訝地問。「我從沒在自己的城市當過觀光客，所以想體驗看看。」他伸出手臂對加尼打聲招呼，雖然我想有認

識的人應該會讓人更不自在。

往裏海的方向走是被印在鈔票上的少女塔（Maiden Tower）。這座三十米高、寬十七米的地標，估計是在四至六世紀建成的拜火教神廟。傳說當時裏海海岸線尚未倒退，曾被改用為燈塔。實際用途眾說紛紜，連名字的由來都是個謎。學者們猜測「Maiden」這詞代表此塔從未受敵人侵犯，因此保持「少女」的貞潔。

「相傳有位國王逼迫女兒嫁給她不愛的人，於是公主請求她父親建造了這座高塔，完工後就從上面跳樓自殺。導致現在變成博物館後，還是有人會跑上頂端自盡，因此現在圍了一圈玻璃以防萬一。」加尼說。

古城外觀大部分呈現淺黃色系，阿拉伯式外觀與歐洲風格巧妙融合。他帶我們穿梭迷宮似的小巷到最高點的希爾萬沙宮殿（Palace of the Shirvanshahs），從此可眺望巴庫的天際線。一群人陶醉在貫穿古今的畫面，看著新舊建築構成一幅美妙的輪廓。

此海非彼海

浪花輕拍打著岸邊，我們坐在堤防上看著居民在巴庫大道上漫步。這條一九〇九年的海濱大道，是當時的石油大亨為了美化豪宅附近的環境而建。他們從伊朗運來肥沃的土壤，種植了許多大樹。附近的地毯博物館

絲路一帶

外型像是條捲起來的毯子，另一側的購物中心外觀與雪梨歌劇院相似。充滿未來設計感的建築物此起彼落，難怪有些人稱巴庫為「裏海的杜拜」。

「妳應該知道裏海不是海吧？」York 突然考我。「我知道是世界上最大的湖泊，位於歐亞交界，面積比德國還大。羅馬人攻至此地時發現水是鹹的，所以認為是海洋。不過裏海內有特別品種的海豹（Caspian Seal），動物學家認為這可證明古時候曾經與其他海域連結著。」我說。

當初如果沒有事先買好回澳洲的機票，我們應該會從哈薩克搭貨船穿越裏海。只不過貨船出發日期不固定，有可能需等上兩星期才有船隻。看過其他旅者的描述後，感覺三十小時在簡陋的貨船上會讓人吃不消，隨著年齡增長，漸漸了解什麼旅行方式較適合，自我認知也是成長的重要一環。

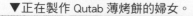
▼正在製作 Qutab 薄烤餅的婦女。　　　　　　　▼超迷你的可蘭經。

巴庫的中央車站。

站在八百多年的城牆外。

巴庫的夜景，被形容為裏海的杜拜。

| Winny **會客室** |

——老城區有間迷你藏書博物館（Museum of Miniature Books），榮獲金氏世界紀錄最多私人迷你書收藏。目前老奶奶共收集了六千多本來自六十幾個不同國家的書籍，其中有三本是全世界最小的書本，才兩釐米大，需用放大鏡才能讀書裡的內容。

——亞塞拜然是世界喝酒第二多的穆斯林國家，超市有賣石榴酒。

——Qutab 是當地的薄烤餅，裡面會加南瓜、青菜等其他料，塗上優酪乳後再捲起來吃。

——可搭地面纜車至高點的軍人陵墓（Martyrs' Lane）看夕陽及夜景。附近的戰爭紀念碑內有長明火焰。

——巴庫的土耳其浴非常有名，許多高級飯店有提供此服務。

動盪不安的第一基督教國度

葉里溫 *Yerevan* ——亞美尼亞
Armenia
2020.02.08——2020.02.12

| Winny 畫重點 |

—— 亞美尼亞王國在公元三〇一年成為第一個將基督教視為國教的國家。

—— 該國三面被伊斯蘭國家包圍，與鄰國爭議不斷，成為高加索地區的火藥庫。

—— 獨特的亞美尼亞字母創於五世紀，共有三十六個字母。

我徹夜未眠。轟隆一聲，列車在鐵軌上緩緩剎車，放慢速度駛進喬治亞首都的中央火車站。昨晚十一點才離開巴庫，我不幸吃壞肚子，整夜不斷往返臥鋪與廁所之間。每當回車廂看見 York 熟睡的臉龐，就不禁覺得嫉妒。

「時間算得剛剛好，再十五分鐘車子就要開了！」York 拉著我在月台上奔跑。一位中國男子突然前來搭話：「安檢嚴格嗎？我媽後天要來！」「只有量體溫。」我迅速回答。此時新型冠狀病毒的嚴重性已傳到國際社會，大半個中國進入封鎖狀態，許多人嘗試把握最後機會逃出去。

來往喬治亞與亞美尼亞兩國的私人轎車一天只有五班，錯過又要等兩個小時。司機見到我們，要求我們把口罩戴上。後座坐著三位青春洋溢的喬治亞女生，正準備前往葉里溫的音樂節。我見她們都沒戴，也把自己的拿下。司機勃然大怒，宛如我們的動作罪不可赦。

「我們不是中國人！」我不悅地反駁，紅髮的瑪麗在旁打圓場，用喬治亞語說了幾句。翻臉如翻書，司機表情驟然放輕鬆，轉頭繼續開車。「他以為所有亞洲人都是中國人，知道你們不是就放心了。」她解釋。我不禁失笑，這司機還真性情，喜怒哀樂完全展現在臉上。

▲與同車的喬治亞女生合照。

兩國的戰爭

看著手機上的電子地圖，意外發現司機在入境亞美尼亞後，選擇緊連亞塞拜然國界的公路。「這裡偶爾會聽到砲彈聲。畢竟雙方只有簽停戰協議，戰爭並沒有真正結束。」他說。亞美尼亞與亞塞拜然兩國關係惡劣，可從交錯複雜的地圖看出。在各自的國境內，都有對方的「內飛地」，代表該地區的主權其實是屬於另一個國家。「我們雖然正在亞美尼亞，但側邊只有二十二平方公里大的巴庫達利小鎮（Barkhudarly）是亞塞拜然的國土，而亞美尼亞也有土地在亞塞拜然內。」York 指著銀幕說明。

而兩國最主要爭議區是納戈爾諾─卡拉巴赫（Nagorno-Karabakh），簡稱納卡。儘管大部分居民都是亞美尼亞裔，蘇聯時期卻被併入亞塞拜然。長達數十年衝突，該地區早就宣布獨立成為只被三個非聯合國成員的國家承認的阿爾察赫共和國（Republic of Artsakh），由亞美尼亞政府做後盾。然而亞塞拜然卻不願意放棄，在二○二○年大舉進攻、收復失土。

「難怪亞塞拜然的導遊說他們在當兵前會賄賂官員，確保入伍時不會被分配至戰爭前線，不然真的有死傷的可能。」我終於理解為何需透過喬治亞才能連結高加索三國，畢竟整條邊境都很不安全。新聞裡的戰爭，第一次離現時那麼近，實在不好受。

挪亞方舟的聖山

昨晚突如其來的暴風雪，把共和國廣場蓋上一層雪白。不同色調的朱紅色新古典主義建築由火山石堆積而成，給予葉里溫「粉紅都市」這浪漫別稱。這裡最早可追溯公元七百八十二年前，是世界上現存最古老的城市之一。可惜地理位置使該地區成為不同統治者的目標，加上頻繁的地震，葉里溫並沒遺留太多古蹟。

◀葉里溫的粉紅色火山石建築。

絲路一帶

結束免費城市導覽後，我們與來自葡萄牙的若奧相約一同前往內部被作為美術館的葉里溫階梯（Yerevan Cascade）。「這裡有博特羅（Botero）的作品，看那肥胖風格就知道！」我指著體型飽滿的銅像說。自從看過他的胖版《蒙娜麗莎》，我就愛上這位哥倫比亞的當代藝術家。

雪融後地磚變滑，花了一點時間才小心翼翼地登上階梯頂部。遠方的亞拉臘山（Mt. Ararat）藏在雲靄深處，高五千一百三十七米，相傳是挪亞方舟在大洪水後最後停泊的地方。「它是亞美尼亞人的聖山，既然是他們的象徵與驕傲，怎麼會在土耳其內？」我隨口問若奧。

「亞美尼亞高原的西部在十六世紀時因戰爭而變成鄂圖曼帝國的領土，東部則由波斯帝國控管。原本是亞美尼亞王國中心的亞拉臘山也一分為二。那些在鄂圖曼統治下的西亞美尼亞人被視為二等公民。在一九一五至一九一八年間，正處於一次大戰的鄂圖曼政府怕境內的亞美尼亞人叛亂，進行了種族大屠殺！估計受害者數量高達一百五十萬多人，可與猶太人大屠殺相提並論！可是土耳其政府不承認此事件。後來蘇聯在簽有關高加索邊界的條約，把亞拉臘山劃分給土耳其。」若奧娓娓而談，講述這一切的來龍去脈。

這下我的疑問都被解惑了，難怪市區有座大屠殺紀念館。而從亞美尼亞也無法搭陸地交通至土耳其，必須經過喬治亞。在了解這段過去後，一切都串聯起來。可惜與鄰國的隔閡使原本資源不充足的亞美尼亞更加窮

困。「你懂得還真多！」我稱讚他。「畢竟是歐洲歷史的一部分，學校都有教。」這位醫大生聳聳肩。

亞美尼亞國菜

市區的露天跳蚤市場（Vernissage）人潮摩肩接踵。各種頗有當地特色的木雕版畫、金銅器皿在小販宏亮的叫賣聲中販售。我從背包裡拿出一串核桃甜食，撥了一塊給若奧。「這是一種把堅果類用繩子串起來，浸在葡萄汁後曬乾的喬治亞零食，叫做 Churchkhela。亞美尼亞的乾果店也有賣，但被稱為 Sujuk。」自從上次同車的喬治亞女孩們給我們吃過後，就愛上這甘甜的零嘴。

葉里溫飲食選擇繁多，我們來到一間高評價餐廳，細讀菜單上的項目。「你們有推薦的傳統食物嗎？」若奧問。「目前為止只吃過放上碎肉的亞美尼亞披薩 —— 浪馬軍（Lahmacun）和蔬菜薄餡餅（Zhingyalov hats），雖然便宜但都吃不飽。」York 想了一下。「亞美尼亞有兩種被列入世紀遺產的國菜。一種是叫 Lavash 的薄餅，另一個則是用小麥與雞肉煮四到五小時的燉湯 Harisa，喝起來像是很濃稠的粥。」我在旁補充。

侍者看這桌舉棋不定，決定推薦當地菜色。「塞凡湖（Lake Sevan）是高加索最大的高山湖，內有多種魚類。不如嘗試特種的塞凡湖鱒吧？」

「好啊！」我們一口答應。整隻魚上菜後，侍者用刀叉熟練地把魚刺撥掉。

西方的餐桌禮儀認為吐食物碎屑很不雅，他們喜歡吃去骨的肉。這項體貼的服務讓吃魚容易多了。鱒魚新鮮多汁，滑嫩美味，搭配當地的鹹優酪乳（Tan）更是爽口。亞美尼亞的飲食深受中東、地中海和東歐影響，鮮少使用香料，注重食物的原味。像家常菜般，把不起眼的菜色，做出耐吃又樸實的味道。

石洞中的修道院

燭火在昏暗中搖曳地擺動，灰黑的火山岩柱支撐著教堂中殿的蜂巢狀圓頂。格加爾德修道院（Geghard Monastry）起源於四世紀，位於亞紮德溪谷底處，依偎著山崖。聖壇旁的洞穴連結著滔滔不息的泉水，當地人會把它潑在臉上祈求祝福。

「現存的主修道院建於十三世紀，在二〇〇〇年被列為世界遺產。」亞美尼亞交通不便，搭當地小巴無法一天前往多處景點。於是我們與當地旅行團合作，由擁有高挺五官的黑髮美女塔瑪拉來當嚮導。「在失業率高的亞美尼亞通常都是女性受教育，因為男性還可以靠勞力維生。」她後來說。

我們經過數個石頭洞窟，大多與山壁融合為一。不規則的岩壁刻出不同時期的浮雕，有著波斯、拜占庭與東正教的元素。尤其需經過狹窄通道才能進入的大墓室，唯一光源是頭頂上的洞窗。十二米高空間，從石柱到雕刻都一體成形，巧奪天工的工藝令人敬佩。雖然即將日落的傾斜角度使大部分的內部陷入陰影中。濕冷又寂靜的空氣，不經感到毛骨悚然。

▼格加爾德修道院內的教堂中殿。　　　　　　▼只靠燭火與自然光做光源。

「這是十字架石（Khachkar），是亞美尼亞中世紀宗教建築的代表，被收入為非物質文化遺產中。」塔瑪拉指著門外的石板。精緻的十字架雕刻用薔薇、花朵枝葉交織著，每塊都有獨特的設計及不同意義。「一開始是為了救贖靈魂而出現在墓碑上，像諾拉圖斯墓園（Noratus Ceremtery）就有九百多座，最古老的有十世紀之久，後來也出現在修道院的石牆上。」回想在葉里溫的市區及走訪的修道院，到處都有十字架

石的蹤跡。

「只要有亞美尼亞人，就會有十字架石。」塔瑪拉說。她這句話使我想到連結著伊朗與亞美尼亞的亞塞拜然外飛地 —— 納希契凡（Nakhchicvan）。那裡擁有上萬座亞美尼亞十字架石，亞塞拜然卻在九〇年代開始派軍隊大量摧毀石碑，消滅亞美尼亞人曾在這土地上生存的證據。衛星圖上顯示原本的千年古墳，已變成軍事練習場。

不過曾經領土遼闊的亞美尼亞王國，千年以來不斷地被異族侵略又復燃，展現出驚人的民族韌性。在被不同政權的統治下，仍然保持自己獨特的語言、文字與傳統，是古文明的活化石。而此刻塔瑪拉用柔和的音調，如同世世代代的亞美尼亞人，把屬於他們的歷史流傳下去。

| Winny 會客室 |

——國立寫本館（Matenadaran）擁有全球最豐富的中世紀書籍和手抄本，收藏品涉及多項領域，被列為世界遺產。

——葉里溫大教堂（Yerevan Cathedral）二〇〇一年完工，是世界上規模最大的亞美尼亞使徒教會教堂，為了慶祝亞美尼亞成為基督教國家一千七百周年而建。

——來往喬治亞首都與亞美尼亞的夜車與公車都需十二小時的車程，但小客車六小時即可到目的地。

——市區內有地鐵及公車可搭，可下載 Yandex APP 來代替計程車。

| Winny 報你知 |

亞美尼亞共有四千多座修道院及教堂，大部分年代久遠，各有特色。大多可從葉里溫以半自助的方式參加當地的一日遊。以下推薦幾座給各位——

——加尼神廟（Garni Temple）是前蘇聯地區唯一的希臘式列柱建築，在一世紀為太陽神而建造的神廟，是亞美尼亞前基督教時期的標誌性建築。後期因地震倒塌，由蘇聯政府用原本的石頭重建。

——賽凡修道院（Sevanavank）和海伊拉修道院（Hayravank）位於塞凡湖旁，此處風景宜人，兩者估計建於九世紀。賽凡修道院原先是在座島嶼上，卻在前蘇聯領導人史達林抽取湖水後，湖面降低二十米後才變成現今的半島。

——埃奇米阿津主教座堂（Etchmiadzin Cathedral）建於四世紀初，是亞美尼亞第一座教堂，也是亞美尼亞使徒教會的總堂。有「亞美尼亞的梵蒂岡」之稱，被列為世界遺產。

——霍爾維拉普（Khor Virap）建在土耳其國境附近的平原上，背景是亞拉臘山，宛如明信片的畫面。

▲現為半島上的賽凡修道院。

▲山崖旁的格加爾德修道院。

▲像來到希臘的加尼神廟。

絲路一帶

史達林的老家

提比里斯 *Tbilisi* — 喬治亞
Georgia
2020.02.12 — 2020.02.15

| Winny 畫重點 |

——黑海沿岸的喬治亞地跨歐亞兩洲，是前蘇聯領導人史達林的故鄉。

——二〇〇八年曾與俄羅斯發生戰爭。兩國在俄國承認喬治亞國境內的自治區阿布哈茲（Abkhazia）與南奧塞提亞（South Ossetia）為獨立國家後斷交。

——提比里斯是座古老的城市，地底下層層古蹟。考古學家曾在市區挖出西元三百年前的聖龕。

總長一千五百多公里的庫拉河源於土耳其，如同切開高加索的匕首，把提比里斯分成東西岸。這座城市在公元五世紀建都，因底有大量硫磺溫泉，名字意為「保暖之處」。只要搭乘地鐵，一入站即可聞到刺鼻的硫磺味。

我們背著行囊站在街上，等待著民宿主人出現。一位母親從遠方看見我們，急忙把孩子們拉到馬路對面。一對情侶從旁經過，誇張地把衣領拉上，遮住鼻孔及嘴巴。「原來這就是所謂的過街老鼠。」旅遊到目前為止從沒受到如此的待遇，人們迎面而來的眼神都是厭惡。「是他們閃你，有什麼好擔心的？搞不好搭交通工具就不會很擠。」York 試圖用樂觀的角度看待。

愛打仗的喬治亞

保留歐洲中世紀風貌的老城，深巷曲折的古道連結著納里卡拉要塞（Narikala Fortress）。「堡壘地基在四世紀由波斯帝國打造，後來陸續被阿拉伯人、蒙古人擴建，千年來為提比里斯抵擋眾多的敵軍勢力入侵。」戴著圓形墨鏡的導遊蘇拉指著殘垣的城牆說。

「喬治亞人很愛打仗，連近代的伊拉克、阿富汗戰爭都有參加。別國的問候語都是：願神與你合在。在喬治亞則是：Gamarjoba。祝你勝利的意思！你就可以知道我們多好戰了！」他誇張地揮舞手臂。

在各地許多城市都有免費城市導覽（Free walking tour）。主要是希望旅者能不要有金錢壓力，透過當地導遊更加認識在地文化，結束後可以自由給予小費。

我們跟著蘇拉從古城逛到新區，他用幽默風趣的方式成功俘虜了眾人的心。偶爾他會突然用歌聲代替言詞，像極了真人版迪士尼人物。「我們是一群愛唱歌的民族。教會聖詠中常聽見的複音旋律最早就發明於喬治亞。」他對大家拋了個媚眼。

蘇拉的導覽在河岸旁的硫磺溫泉浴場區（Abanotubani）結束。「天氣那麼冷，建議你們泡個溫泉再走。」他說。我與另一位中國女孩面面相覷，

179

露出了苦笑。喬治亞向來是友善出名的國家。當地居民百分之九十五是基督教徒，對其他宗教卻很寬容。老城區的猶太會堂、清真寺與教堂互相隔不到五百米。

可惜在疫情期間亞洲面孔到哪都不受歡迎，更何況是進入密閉空間的澡堂。我們決定重新爬上山頂上的要塞，不受任何眼光歧視，欣賞提比里斯的旖旎風光。

▼俯視提比里的全景。

古代洞穴城

「整座山坑坑窪窪，好似巨型蟻窩！」是我對烏普利斯克岩城（Uplistsikhe）的第一印象。喬治亞有多處用岩石打造的遺址，人們對石窟似乎情有獨鍾。緊連著穆柯伐利河岸，學者們推測從鐵器時代開始就有人居住在此。數百座洞穴共佔地八公頃，沿著山頭挖鑿而成。

▲烏普利斯克岩城的像是螞蟻窩。　　▲岩洞內部的雕刻及通道。

購票後，我們隨著在地道中來到建於二世紀的古代劇場遺址。城裡的街道、教堂、地牢、酒窖都由石頭一氣呵成。「每當看到這種遺跡，都會覺得古人很了不起。居住在此的居民利用千年的時間，做出理想的空間規劃。你看，這裡連下水道都有。」York 指著地上無限延伸的深溝。

通過狹窄的隧道與樓梯，宛如在迷宮中探險，連貫不同的地方。早期比利亞王國曾經把此地設為主要的宗教與政治重心。岩城裡的皇室大廳及

國王起居室規模之大，可看得出來昔日的重要地位。考古學家在開鑿時發現不同時代的金、銀、銅製首飾及手工藝品，目前都在首都的博物館內。

可惜後來基督教在四世紀變成國教，烏普利斯克岩城逐漸失去重要性。曾經是絲綢之路上的貿易中心，如今已不適合現代人居住。所幸堅固的岩石預防了歲月的摧殘，讓我們能夠透過考古研究，重新窺探當時人們的日常。

史達林的故鄉

我們走在哥里（Gori）的街上，這裡是前蘇聯領導人史達林的出生地。在二〇〇八年與俄羅斯的戰爭中，曾被俄軍佔領長達一個月。「我實在無法理解為何這裡會有史達林博物館？他在一九二一年為了侵略喬治亞，殺了至少二十萬名當地人吧？」「畢竟這樣可以吸引觀光客嘛！你看我們不就來了。」喜歡戰爭歷史的 York，特地坐兩小時的公車來到這座只有五萬人的城市。

博物館的外擺放著獨裁者專屬的綠色防彈火車廂，戶外有棟小木屋是史達林兒時住家。館內的展品五花八門，凡是史達林用過的物品都被拿來展示。牆壁上掛滿與各國領導人的照片與人畫像，其中一幅還是與毛澤東共處一室的油畫。

「你想想，一位普通的喬治亞人能夠成為歷史上最具有引響力的領導者之一，能夠不感到驕傲嗎？」York 說。對許多喬治亞人來說，史達林是戰勝希特勒的英雄。在蘇聯瓦解後，喬治亞政府努力剷除任何有關共產黨的痕跡。當地的市民及市長堅決反對關閉這間在一九五七年成立的博物館，成功讓史達林保留在人們心中的地位。

西方與共產主義國家其實對史達林的評價不佳，但他的鐵腕作風確實讓蘇聯成為「超級大國」。導致有些民眾至今仍然懷念前蘇聯的光輝，難怪學者才說喬治亞人對史達林又愛又恨。

| Winny 會客室 |

──距離提比里斯西北二十公里遠的姆茨赫塔（Mtskheta）在三至五世紀是高加索伊比利亞王國的首都，整座古城被列為世界遺產。

──可搭地鐵或火車至 Didube 站，再轉小公車，共二十分鐘車程。

──生命之柱主教座堂（Svetitskhoveli Cathedral）是喬治亞第二大的教堂，也是喬治亞東正教會總部。建於四世紀，裡頭濕壁畫畫工極細緻，值得一遊。

──同時期的薩姆特羅修道院（Samtavro Monastery），內有伊比利亞王國的國王米利安三世及妻子的陵墓，可見虔誠的信徒趴在上面親吻。

──六世紀的十字修道院（Jvari Monastery）位於山頂，能俯望庫拉河（Kura）和阿拉貢（Aragvi）的匯合處，形成美麗的「Y」型。

▲史達林的老家被嶄新的建築保護著。

▼博物館內的史達林像。

▲市區具有現代感的友誼橋。

► 很愛捏我臉頰的民宿主人奶奶。

逃離金羊毛的王國

庫塔伊西 *Kutaisi* ─喬治亞 *Georgia*

2020.02.15 ─ 2020.02.19

| Winny 畫重點 |

──喬治亞只有三座國際機場，其中一座在庫塔伊西，目前為該國第三大城。
──最初記載於西元前三世紀，是世界上最古老的都市之一。在十至十二世紀是喬治亞王國的首府。
──距離當地旅遊勝地、黑海旁的巴統（Batumi）約三小時車程。

這座歷史悠久的城市，舊城區內沒有宏偉的名勝古蹟，只有兩處世界遺產。其中一座是北邊山坡上的巴格拉特主教堂（Bagrati Cathedral）。教堂外一大片草地，讓人忍不住想在上面翻滾。遼闊的視野收著庫塔伊西的天際線，把鬱悶的情緒一掃而空。「還有四天要就離開高加索，回到澳洲應該就不會受到敵視了吧！把握當下才是重要！」我提醒自己。

「你看教堂在修復前的外觀！」York 驟然的驚嘆打亂了我的思緒，他指著告示牌上一系列的照片。十一世紀初完工的主教堂利用四根雄偉的柱子與互相交疊的拱門撐起中央巨大的圓頂，卻在十七世紀鄂圖曼大軍入侵而大肆破壞，夷為廢墟。「連拱頂都被炸垮了！」我仔細比對過去與眼前的變化。

如今教堂已被修復完畢，內部的大理石使聖殿顯得莊嚴。但政府在維修時並沒符合保育原則，只剩幾塊浮雕是原始的遺跡。千年的大教堂更像

是新建築而不是歷史文物。我們繞了一圈又回到戶外，坐在階梯上與一旁的野狗曬著太陽。沒有城市的喧鬧，一同享受難得安靜的氣氛。

船型人氣烤餅

喬治亞位於鏈接著歐亞大陸的貿易路線上，飲食受到不同文明影響。他們接納了新食材與烹飪方式，形成獨樹一格的飲食文化。在喬治亞裔的史達林成為蘇聯領導人後，該國料理開始在俄羅斯及前蘇聯國家普及。這也是為什麼遠至哈薩克都能看見喬治亞餐館的蹤跡。

而我最期待的料理是名叫卡查普里（Khachapuri）的烤餅。據說跟披薩相比，將近九成的喬治亞人更喜歡這道主食。「我都不知道卡查普里有那麼多種類！我想吃的是長得像艘船，裡頭填滿起司，上面加上一顆生蛋黃與奶油的那種。」我捧著菜單，直接把存在手機上的照片給侍者看。

「一般是伊梅列季款（Imeruli），把雞蛋與起司打散後，鋪在餅皮上再拿去烤。你要的是阿扎爾卡查普里（Adjarian khachapuri）。」年輕的侍者說，好像已習慣觀光客為了此料理前來。

沒多久，熱騰騰的卡查普里端到我們面前。「你要用叉子把蛋黃攪開來，再把周邊的餅皮剝下來沾中間的料吃。」York 示範給我看。「好吃！但上面的蘇爾古尼（Sulguni）起司好鹹！」牽絲的乳酪咬嚼起來特別有彈

性，香氣誘人至極，就算熱量爆表，隔天因鹽分攝取過多而雙眼浮腫，還是個值得品嘗的料理！

◀重建過後的巴格拉特主教堂一角。

▶非常適合打卡，但又很鹹的阿扎爾卡查普里。

變種小籠包

「卡里餃（Khinkali）看起來好像巨大小籠包！」我盯著盤子上猶如掌心般大的餃子。正準備拿叉子插進去。「等等！」一旁的老太太看到急忙阻止。「這裡面的湯汁可是精華，插下去就全流出來了。」「不然該怎麼吃？」我歪著頭，桌上只擺放了刀叉，沒有看見湯匙的蹤影。

「妳看餃子頂端的結是不是特別厚？把它倒過來咬，湯汁就不會漏出

來。」她拿起自己的卡里餃示範。「由於餃皮很厚，吃到最後須把結丟掉。不過蘇聯時期曾經鬧過飢荒，在那之後喬治亞人就開始把整顆餃子吃得一點也不剩。」她笑著說。

卡里餃的餡料大部分使用碎絞肉，加上孜然、洋蔥、辣椒跟鹽來調味。這間店跟從小籠包起家的鼎泰豐一樣，有著開放式廚房，隔著櫥窗可看著廚師把不同的餡料包入餃子中，像是一場表演秀。哈佛商學院曾做過一項研究，當顧客與廚師能夠互相看到彼此時，人們對食物及服務滿意度最高。透過這項簡單的設計，拉近彼此之間的距離。

「我覺得喬治亞的紅豆餡餅（Lobiani）也很好吃。」「葡萄酒也很順口！據說他們八千年以來都是利用一種叫做 Kvevri 的蛋狀巨型陶罐，把葡萄裝進去後埋在地底下數月進行天然發酵。這項傳統釀酒技術被列為世界遺產呢！」我們坐在餐廳，討論這幾天吃的美食。有時候食物的風味比景點更讓人回味無窮，難怪喬治亞餐廳在前蘇聯國家擁有一席之地。

◀ 在廚房做卡里餃內餡的師傅。

離開高加索

窗外霞光萬道，飛機在穿越雲層後迎接第一道曙光。庫塔伊西在西元前二世紀是科爾基斯（Colchis）王國的首都，也是希臘神話《尋覓金羊毛》中的舞台。據說當時在喬治亞地區的掏金人會使用羊毛來收集河流從上游沖下來的金微粒，曬乾後再取出，反映出當時的時空背景。

故事裡的雲神涅斐勒為了搭救受虐的兒女，讓他們坐上有雙翼、擁有金毛的公羊。不料姊姊途中不慎從羊背上墜落，兒子則成功抵達科爾基斯，最後與國王的女兒結婚。此刻我們乘著不同的飛行工具，穿越同片海峽飛往西歐。小時候讀過的希臘神話，如今以奇妙的方式聯結著。

一直以來我都相信所有吸收過的知識及體驗，會在你最沒預料的狀況下串接起來，沒有一項是浪費時間的。人家說機會是留給準備好的人，但所謂的「準備」並不是要求完美，而是隨時充實自己。這些累積起來的經驗會讓未來的你更有辦法用不同的角度看世界。

這趟高加索之旅因疫情關係而來得突然，使我們無法好好體驗這幾個國度的深奧之處。相信下回沒有疫情阻擾，將會用不同的心境看待同樣的人事物。雖然不知道下次出遊是什麼時候，此刻已微不足道，最重要的是我們再轉四個機場就可以回家，一個因離開才知道重要性的避風港。

▲巴格拉特主教堂外的草地與庫塔伊西的市容。

│ Winny 會客室 │

──十一世紀的格拉特修道院（Gelati Monastery）是庫塔伊西另一座世界遺產，由喬治亞國王大衛四世所創。有很長一段時間是喬治亞的文化中心之一，內部有眾多十二世紀至十七世紀的寫本及濕壁畫。距離市區約二十分鐘車程，可從 Lado Meskhishvili 大劇院附近搭小巴士來這。

──同時期的薩姆特羅修道院（Samtavro Monastery），內有伊比利亞王國的國王米利安三世及妻子的陵墓，可見虔誠的信徒趴在上面親吻。

──距離格拉特修道院約兩公里的是隱藏在山中的莫茨米塔修道院（Motsameta Monastery）位於山崖上，可俯視群山河流，是個隱士的世外桃源。當時是為了紀念在八世紀反抗阿拉伯人而殉職的公爵兄弟所建，因此名字意為「烈士之地」。

▶十一世紀的格拉特修道院。

▶喬治亞雖基督教國家，但保守女性依然綁著頭巾。

▲格拉特修道院內部的禮拜日禮拜與溼壁畫。

〔吉爾吉斯｜松克爾湖〕

Chapter Four 尋找絲路 RESEARCH SILK ROAD

絲路一帶

ALONG THE SILK ROAD

尋找絲路
RESEARCH SILK ROAD

現代人旅遊離不開手機，所有的資訊都存在上面。介紹幾款我們覺得實用的 APP 與網站與大家分享。

常用網站

I Wikitravel.com——維基媒體的旅遊網頁，與專門提供資訊的維基百科不同。內容有詳細的交通、景點、飲食資訊，是我們去每座新城市或是國家前會存起來的頁面，方便事後離線閱讀。

II 背包客棧（backpackers.com.tw）——亞洲最大的背包客論壇，可查最新資料或上網發問。有 APP 版本。

III Rome2rio.com——可以查任何 A 點到 B 點的交通時間以及估計價位，並指引你到正確的網站訂購票。

IV Fandom（prepaid-data-sim-card.wikia.com）——論壇上擁有全世界電信公司的資料，上面的預付卡產品以及價錢可信度頗高。可依照電信公司再去當地找門市位置。

常用 APP 軟體

Ⅰ Google Translate——可下載離線翻譯。菜單看不懂，可以用手機拍照，畫面會直接翻譯成中文。適合用來與當地人溝通。

Ⅱ Google Maps——專門用來導航及離線地圖。

Ⅲ Maps Me——網友自製編輯的離線地圖，有些地標是谷歌地圖上沒有的。

Ⅳ Tripit——可將行程打入軟體內並轉寄給親友，節省與親友報備的時間。

Ⅴ Expense IQ 或任何理財和預算規劃軟體，可以記錄開銷

Ⅵ TripAdvisor——全球最大的餐廳、景點、旅行社、住宿的評價網。手機軟體能夠讓下載離線城市資料。

Ⅶ Snapp——伊朗的共享計程車。

Ⅷ 2GIS——離線地圖，適用於哈薩克、烏茲別克、吉爾吉斯、亞塞拜然等該國裡的大城市。

Ⅸ Bolt——含高加索地區的國際共享計程車 APP。

伊朗、中亞高三國、索、朗五加基本資訊

——持有中華民國護照者，最新簽證資訊請至外交部領事事務局（www.boca.gov.tw）查詢。

——網站上註明每國駐館聯絡資訊，建議入境前記下以便不備之需。

——本書記載的旅遊國家都使用C型插頭。

伊朗 Iran

語言： 波斯語

貨幣： Toman（托曼）

簽證： 1. 至伊朗外交部申請電子簽證（https://evisa.mfa.ir/en）

2. 落地簽費用依照入境目的及停留期限而定，須繳強制保險費約十五歐元。

3. 外籍旅客如有以色列入出境章，有可能被拒發簽證。

旅遊須知： 1. 女性旅客須戴頭巾，穿著長褲（裙）、長袖。

2. 伊朗普遍不接受外國信用卡及海外銀行匯款，須攜帶足夠現金支付旅費。

3. 須翻牆才能前往特定網站。

電壓： 220V

土庫曼 Turkmenistan

語言：土庫曼語，當地人略懂俄文。

貨幣：Turkmenistani Manat（新馬納特）

簽證：須在其他國家之土國領事館辦過境簽（transit visa）或旅遊簽
（tourist visa），後者須旅行社核發的邀請函。

旅遊須知：1. 政府對外國人士控管嚴格，不可攜入危害國家利益及道德
之印刷品和影音檔。

2. 大部分提款機不接受海外提款卡，少數高級旅館除外。可
以在銀行以信用卡領美金。

3. 網路不普及，須翻牆才能前往特定網站。

電壓：220V

烏茲別克 Uzbekistan

語言：烏茲別克語，當地人略懂俄文

貨幣：Uzbekistani Som（索姆）

簽證：須找旅行社或旅館申請邀請函，才能在首都塔什干機場辦落地簽，
或是到烏國駐外使館辦理一般簽證。

旅遊須知：1. 停留三日以上的旅者，須每晚向警察機關或旅館辦理登記
卡（Registration card）並妥善保管，避免離境時受罰。

2. 可用提款機，但信用卡不普及。

電壓：220V

塔吉克 Tajikistan

語言：塔吉克語，當地人略懂俄文

貨幣：Tajikistani somoni（索莫尼）

簽證：可至塔吉克外交部申請電子簽證（http://www.evisa.tj/index.evisa. html）或是申辦落地簽，無須邀請函。

旅遊須知：1. 塔吉克國土平均海拔超過三千米，建議攜帶高山症藥。

2. 離開首都杜尚貝後就較難領取現金，前往帕米爾高原前須 必備好所需金額。

電壓：220V

吉爾吉斯 Kyrgyzstan

語言：吉爾吉斯語、俄語

貨幣：Kyrgyzstani Som（索姆）

簽證：須從旅行社取得邀請函，才能在首都比斯凱克機場辦落地簽，或 是從吉國駐外使館辦理申請一般簽證。

旅遊須知：1. 旅遊旺季為七月至九月，天氣較溫和，當地有許多慶典， 須提早預訂旅館。

2. 吉爾吉斯有許多健行及騎馬活動，建議帶適合戶外的服裝 與鞋子。

電壓：220V

哈薩克 Kazakhstan

語言：哈薩克語、俄語

貨幣：Kazakhstani Tenge（坦吉）

簽證：須從哈薩克旅行社或公司取得邀請函並在入境前取得哈國外交部核准。入境後在機場繳簽證費。目前無法從陸路邊境取得落地簽證。

旅遊須知：在首都努爾蘇丹或是阿拉木圖，許多地方（例如超市）都可以用信用卡，但鄉下地方以現金為主。

電壓：220V

亞塞拜然 Azerbaijan

語言：亞塞拜然語、俄語

貨幣：Azerbaijani Manat（新馬納特）

簽證：簽證可分為入境簽與過境簽。為了促進觀光，政府推行電子簽證（https://evisa.gov.az/en/）。然而亞塞拜然對我國護照並不友善，電子簽證的申請人國籍未列中華民國選項，無法使用該系統申請。

旅遊須知：1. 早晚氣溫差大，氣候多樣化，建議洋蔥式穿法。

2. 如果已去過亞塞拜然不承認的阿爾察赫共和國，那就無法進入亞塞拜然。

電壓：220V

亞美尼亞 Armenia

語言： 亞美尼亞語，當地人略懂俄文

貨幣： Armenian Dram（德拉姆）

簽證： 政府設有電子簽證（https://evisa.mfa.am）或可在首都葉里溫機場及其他邊境管制口岸申辦落地簽證。

旅遊須知： 1. 亞美尼亞與亞塞拜然目前處於停火階段，建議遠離邊境免得捲入糾紛。

2. 可從陸地過境至伊朗。

電壓： 220V

喬治亞 Georgia

語言： 喬治亞語，當地人略懂俄文

貨幣： Georgian Lari（拉里）

簽證： 國人取得喬治亞簽證具相當難度。不然一般可用電子簽證入境（https://www.evisa.gov.ge/GeoVisa）。

旅遊須知： 1. 最合適的旅遊季節為秋天，較少觀光客且氣候宜人。

2. 喬治亞有許多野狗。在首都的野狗通常已由政府施打過疫苗與結紮，郊區則不一定，有些狗兒帶有攻擊性，在互動前請斟酌。

電壓： 220V

| Winny 會客室 |

──台灣沒有直接飛往伊朗、中亞五國、高加索三國的班機。通常想前往伊朗，可經香港、新加坡或泰國；中亞是在香港或中國轉機；高加索可從土耳其或是卡達抵達。實際航線依航空公司而定。

旅行如人生，永遠不會按著計劃走

一踏出阿德雷德機場，澳洲的陽光如此地耀眼。我們倆不約而同摘下口罩，大口呼吸新鮮空氣及南半球的夏天。

突如其來的新型冠狀病毒來勢洶洶，打破許多人的計畫及生活步調。我們在取消由西安離開的航班後，繞了地球一大圈，從高加索飛往義大利，再轉機到丹麥、土耳其與香港，共搭了五趟飛機才回到家。

原本一片友善和諧的土地，卻因未知與恐懼導致旅途最後一段經驗變了調。有些地方嚴重排華，店一間一間關閉，平時享受流浪的旅人也都歸心似箭，尋求一個能安穩避難的地方。

有人說疫情是地球的自救模式。在人類封城後，從衛星上可以看見地球汙染減少、野生動物隨意在城市中遊蕩，世界彷彿回到大自然的手中。疫情後的日子，我們所熟悉的生活模式將改變，勢必學會與病毒共存。

這次老天強迫按下「暫停鍵」，要我們學會慢下來。旅途中雖然每天都有新鮮事，透過澳洲長達數月的禁足令，我發現原來待在家裡看書、做瑜珈、聽音樂也可以很享受。在重新學會與自己對話的同時，順便戒掉「旅遊癮」，在日常生活中尋找那些能讓人會心一笑的小細節。

在此要感謝一路上支持我的讀者，有你們的鼓勵才能繼續寫作；也謝謝出版社與編輯，讓這本書可以成功問世。希望透過這難得的世道，能在這忙碌的世界喘口氣。在充完電後，能夠帶著更多正能量出發，重新探索這世界的美。期待下次與各位在路上相遇。

最後送上一句我很喜歡的話給大家：「Two men look out through the same bars; One sees the mud, and one the stars.」（兩名在監獄的囚犯，一位從窗外看到地上的泥沼，另一位則抬頭看到天上的星空）——Frederick Langridge, 1896

「哈薩克｜阿拉木圖」

愛旅行 82

絲路一帶
ALONG THE SILK ROAD

作　者　吳昀 Winny Wu
攝　影　吳昀 Winny Wu
發行人　陳韋竹
總編輯　嚴玉鳳
責任編輯　KT
封面設計　萬亞雰
版面構成　KT
行銷企畫　汪婷婷
印　務　東豪彩印刷事業有限公司
法律顧問　志律法律事務所・吳志勇律師
出　版　凱特文化創意股份有限公司
地　址　新北市236土城區明德路二段149號2樓
電　話　02-2263-3878
傳　真　02-2236-3845
讀者信箱　katebook2007@gmail.com
部落格　blog.pixnet.net/katebook

經　銷　大和書報圖書股份有限公司
地　址　新北市248新莊區五工五路2號
電　話　02-8990-2588
傳　真　02-2299-1658
初版1刷　2022年3月
I S B N　978-986-06048-5-6
定　價　新台幣350元
版權所有・翻印必究 Printed in Taiwan
本書如有缺頁、破損、裝訂錯誤,請寄回本公司更換

國家圖書館出版品預行編目資料 | 絲路一帶／吳昀 Winny Wu　著.
——初版.——新北市;凱特文化,2022.3　208面;14.8×21公分.(愛旅行;82)
ISBN　978-986-06048-5-6(平裝) 1.遊記 2.絲路　719　110018717

永遠，讓自己的心，在路上。

〔塔吉克｜帕米爾公路〕

絲路
一帶

ALONG THE SILK ROAD